武林旧事

WULIN JIU SHI

〔宋〕周　密 ◎ 著

光明日报出版社

图书在版编目（CIP）数据

武林旧事 /（宋）周密著 . -- 北京：光明日报出版社 ，2014.5（2024.3 重印）

（光明岛）

ISBN 978-7-5112-6295-0

Ⅰ .①武… Ⅱ .①周… Ⅲ .①笔记—中国—南宋—选集②中国历史—史料—南宋 Ⅳ .① K245.066

中国版本图书馆 CIP 数据核字（2014）第 069595 号

武林旧事
WULIN JIU SHI

著　者：〔宋〕周　密

责任编辑：阴海燕　　　　　　　　　责任校对：王腾达
封面设计：博文斯创　　　　　　　　责任印制：曹　净

出版发行：光明日报出版社
地　　址：北京市西城区永安路 106 号，100050
电　　话：010-67022197（咨询），67078870（发行），67019571（邮购）
传　　真：010-67078227，67078255
网　　址：http://book.gmw.cn
E - mail ：lijuan@gmw.cn
法律顾问：北京德恒律师事务所龚柳方律师

印　　刷：北京一鑫印务有限责任公司
装　　订：北京一鑫印务有限责任公司
本书如有破损、缺页、装订错误，请与本社联系调换，电话：010-67019571

开　　本：150mm×220mm　　　　　　印　　张：12
字　　数：150 千字
版　　次：2014 年 5 月第 1 版
印　　次：2024 年 3 月第 4 次印刷
书　　号：ISBN 978-7-5112-6295-0

定　　价：29.80 元

目　录

序
卷一
庆寿册宝 ························· 3
四孟驾出 ························· 5
大礼南郊　明堂 ················ 9
登门肆赦 ······················· 15
恭谢 ····························· 18
圣节 ····························· 19
卷二
御教 ····························· 27
御教仪卫次第 ·················· 29
燕射 ····························· 30
公主下降 ······················· 31
唱名 ····························· 35
元正 ····························· 37
立春 ····························· 39
元夕 ····························· 40
舞队 ····························· 46
灯品 ····························· 48
挑菜 ····························· 49
进茶 ····························· 51
赏花 ····························· 52

卷三

西湖游幸都人游赏 ············54

放春 ············58

社会 ············58

祭扫 ············60

浴佛 ············61

迎新 ············61

端午 ············62

禁中纳凉 ············63

都人避暑 ············64

乞巧 ············65

中元 ············66

中秋 ············67

观潮 ············67

重九 ············69

开炉 ············70

冬至 ············70

赏雪 ············71

岁除 ············71

岁晚节物 ············72

卷四

故都宫殿 ············76

乾淳教坊乐部 ············82

卷五

湖山胜概 ············93

卷六

诸市 ············112

瓦子勾栏 ················· 112

酒楼 ················· 113

歌馆 ················· 115

赁物 ················· 116

作坊 ················· 116

骄民 ················· 117

游手 ················· 118

市食 ················· 118

诸色酒名 ················· 123

小经纪他 ················· 123

诸色伎艺人 ················· 126

卷七

乾淳奉亲 ················· 138

卷八

车驾幸学 ················· 150

北使到阙 ················· 152

宫中诞育仪例略 ················· 153

册皇后仪 ················· 155

皇后归谒家庙 ················· 157

皇子行冠礼仪略 ················· 160

卷九

高宗幸张府节次略 ················· 164

卷十

官本杂剧段数 ················· 174

张约斋赏心乐事 并序 ················· 179

约斋桂隐百课 ················· 183

序

　　乾道、淳熙[1]间,三朝授受[2],两宫奉亲[3],古昔所无。一时声名文物之盛,号"小元祐"[4]。丰亨豫大[5],至宝祐、景定[6],则几于政、宣[7]矣。予曩[8]于故家遗老[9]得其梗概。及客修门[10]闲,闻退珰老监[11]谈先朝旧事,辄倾耳谛听,如小儿观优[12],终日夕不少倦。既而曳裾贵邸[13],耳目益广,朝歌暮嬉,酣玩岁月,意谓人生正复若此,初不省承平乐事为难遇也。及时移物换,忧患飘零,追想昔游,殆如梦寐,而感慨系之矣。岁时檀栾[14],酒酣耳热,时为小儿女戏道一二,未必不反以为夸言欺我也。每欲萃为一编,如吕荣阳《杂记》[15]而加详,孟元老[16]《梦华》而近雅,病忘慵惰,未能成书。世故纷来,惧终于不暇纪载,因摭大概,杂然书之。青灯永夜,时一展卷,恍然类昨日事,而一时朋游沦落,如晨星霜叶,而余亦老矣。噫!盛衰无常,年运既往,后之览者,能不兴"忾我寤叹"[17]之悲乎!四水潜夫[18]书。

【注释】

　　① 乾道、淳熙:南宋孝宗皇帝赵昚(shèn)的年号,乾道为公元1165—1173年,淳熙为公元1174—1189年。

　　② 三朝授受:指南宋三朝天子禅位的事。高宗赵构禅位于孝宗赵昚,孝宗又禅位于光宗赵惇。

　　③ 两宫奉亲:指孝宗事奉太上皇与吴太后。高宗赵构因独子早逝,禅位于孝宗,自己退居德寿宫。

　　④ 小元祐:元祐为北宋哲宗赵煦的年号(1086—1094),被认为是北

序

1

宋比较强盛的时期,故有此比。

⑤ 丰亨豫大:富足隆盛的太平安乐景象。丰、豫,《周易》的两个卦名,丰指富饶,豫指安乐。

⑥ 宝祐、景定:南宋理宗赵昀的两个年号,宝祐为公元1253—1258年,景定为公元1260—1264年。

⑦ 政、宣:指北宋徽宗赵佶的两个年号,政和为公元1111—1118年,宣和为公元1119—1125年。

⑧ 曩(nǎng):从前。

⑨ 故家遗老:指以前世家宦族的人。

⑩ 修门:本指楚国郢都的城门。此处借指南宋国都临安的城门。

⑪ 退珰(dāng)老监:指退休的老太监。珰,原为汉代武官的冠饰,后代指太监。

⑫ 观优:指看戏。优,指优人,即演戏的人。

⑬ 曳裾(jū)贵邸:指奔走于王侯权贵之门。曳,拉,牵引。裾,外衣的大襟。

⑭ 檀栾:同"团栾",即团圆、团聚之意。

⑮ 吕荥(xíng)阳《杂记》:吕荥阳即吕希哲(1039—1116),字原明,学者称为荥阳先生,寿州人。其祖吕夷简、父吕公著均曾为宰相。他以门荫入仕,历知怀州、曹州,后因遭崇宁党祸而被夺职,羁寓淮泗间十余年而卒。他为人端重有行,名节极高。杂记,指其所著《岁时杂记》一书,其书多记节令风俗,颇有价值,只是原书久逸,四库馆臣从《永乐大典》中辑出二卷,以《吕氏杂记》之名收入《四库全书》中。

⑯ 孟元老:生卒年不详,号幽兰居士,北宋末南宋初人。他曾遭靖康之乱,避地江左,晚年追忆汴京盛事,著《东京梦华录》十卷,对汴京城的都城、坊市、节序、风俗,及当时典礼、仪卫等,都详细记载。

⑰ 忾(kài)我寤叹:意为醒过来就叹气,即怀念故都之悲哀。

⑱ 四水潜夫:即作者周密,他的祖父曾寓居湖州,因湖州有苕水、馀不水、前溪水、北流水四条溪水,故他自号为"四水潜夫"。

卷一

庆寿册宝

寿皇^①圣孝,冠绝古今,承颜两宫,以天下养,一时盛事,莫大于庆寿之典,今摭录大略于此。

【注释】

① 寿皇:即宋孝宗赵昚,因其禅位光宗后被上尊号为"至尊寿皇圣帝",简称"寿皇"。

淳熙三年,光尧^①圣寿七十,预于旧岁冬至加上两宫尊号,立春日行庆寿礼。至十三年,太上八十,正月元日,再举庆典。其日,文武百僚集大庆殿,各服朝服,用法驾^②五百三十四人,大乐四十八架,乐正^③乐工一百八十八人,及列仪仗鼓吹于殿门外。上服通天冠^④、绛纱袍^⑤,执大圭^⑥,恭行册宝之礼。鼓吹振作,礼仪使^⑦已下皆导从,上乘辇从至德寿宫,俟太上升御座,宫架^⑧乐作,皇帝北向再拜,奏起居^⑨,致词曰:

臣某稽首^⑩言,伏惟_{圣号}^⑪太上皇帝陛下,寿同天永,德与日新。典册扬徽^⑫,华夷赖庆^⑬。

【注释】

① 光尧:宋高宗赵构禅位后被上尊号为"光尧寿圣宪天体道性仁诚德经武纬文绍业兴统明谟盛烈太上皇帝",此处简称为"光尧"。

② 法驾:皇帝的车驾。

③ 乐正:古时乐官之长。

④ 通天冠：皇帝之冠。历朝除元代外皆用之，多用于祭祀、朝贺、宴会等大型典礼。

⑤ 绛纱袍：深红色纱袍。古代常用为朝服。

⑥ 大圭（guī）：天子所用的一种丁字形佩玉，插在衣带间用以记事备忘。

⑦ 礼仪使：唐宋时，国有大事，都要任命大臣来掌管，称之为礼仪使。

⑧ 宫架：宫廷中悬挂乐器的支架。宫架乐为宫廷音乐的一类。

⑨ 奏起居：询问起居状况。

⑩ 臣某稽（qǐ）首：孝宗对太上皇赵构自称臣。稽首，古代所行的一种跪拜礼。

⑪ 圣号：即代指赵构二十余字的尊号，因其太长，故作者将其省略。

⑫ 典册扬徽：青史流芳的意思。典册代指史书，徽即美、善之意。

⑬ 华夷赖庆：天下百姓都因太上皇而得福。

左相宣①答曰：

圣号太上皇帝圣旨：皇帝迎阳展采②，镂牒荣亲③，何幸吾身屡观盛事。

【注释】

① 宣：皇帝有旨出付中书省叫宣。此处指由左相代太上皇作答词。

② 展采：展其官职，记功著业，即述职之意。

③ 镂牒（dié）荣亲：即指册宝。意指册宝使父母尊荣。

次皇太子以下称贺致词，宣答讫，并再拜舞蹈，礼毕。次诣太上皇后殿，行礼如前。候解严①讫，皇帝入宫，进奉礼物，行家人礼，御宴极欢。自皇帝以至群臣禁卫吏卒，往来皆簪花。后三日，百官拜表称贺于文德殿，四方万姓，不远千里，快睹盛事。都民垂白之

老,喜极有至泣下者。杨诚斋诗云:

> 长乐宫②前望翠华,玉皇③来贺太皇家。
> 青天白日仍飞雪,错认东风转柳花。
>
> 春色何须羯鼓④催,君王元日领春回。
> 牡丹芍药蔷薇朵,都向千官帽上开。

任斯庵诗云:

> 金爵⑤觚棱⑥晓日开,三朝喜气一时回。
> 圣人先御红鸾扇,天子龙舆万骑来。
>
> 霜晓君王出问安,宝香随辇护朝寒。
> 五云⑦深处三宫宴,九奏声中二圣欢。

【注释】

① 解严:解除非常的戒备措施。

② 长乐宫:汉代太后所居之宫名,此处代指德寿宫。

③ 玉皇:指孝宗。

④ 羯(jié)鼓:古代打击乐器的一种,源于印度,可以从两头敲打。

⑤ 金爵:屋脊上装饰性的铜凤。

⑥ 觚(gū)棱:殿堂屋角的瓦脊。

⑦ 五云:五色祥云,代指皇帝的居处。

四孟①驾出

先期禁卫所阁门②牒③临安府约束居民,不许登高及祗祖④观看。男子并令衫带,妇人裙背。仍先一日封闭楼门,取责知委⑤,不许容著来历不明之人。殿步三司⑥分拨统制将官军兵六千二百人摆齪⑦诸巷大礼则倍此数。至日五鼓,地分头项⑧沿门驱逐杂人外,仪卫节次如后：

【注释】

①四孟：四季中各季的第一个月。孟春为一月，孟夏为四月，孟秋为七月，孟冬为十月。

②阁门：即阁门使，宋代设置了东西阁门使，专门职掌朝会游幸、大宴引赞等礼仪。下文所举导从宣赞之类的官名大多属此，从其名可大致推知职务所在者皆不注。

③牒：即下发公文、通知的意思。

④衩袒：指穿内衣或赤裸身体。故下文说男子"并令衫带"，即上衣和腰带都要穿，而女子则要"裙背"，即着裙子与背子。背子，指半袖上衣，详见《公主下降》篇。

⑤取责知委：各负其责，各有委任。

⑥殿步三司：宋代负责京城保卫治安的官衙，即殿前司、侍卫司马军、步军的合称。

⑦摆齪（chuò）：齪为整齐的意思，摆齪即安排整齐。

⑧地分头项：指各地段的头目。

地分约拦①，诸厢约拦，缉捕使臣、都辖官约拦；军器库从物，内藏库从物，御酒库从物，御厨从物，祗候库从物；骐骥院御马两行，御药院药架；引从舍人两行，诸司库务官两行，搜视行宫司，行宫殿门，控拢亲从②二百十五人，前驱亲从两行各二十一人，赞喝舍人③两行各八人，天武④两行各八人居外，都下亲从两行各八人居内，驾头⑤阁门祗候乘骑捧驾，引驾主首⑥两行各五人，阁门提点两行，御史台知班⑦两行，尚书省录事⑧，密院副承旨；珠子御座，御马院马喝御座，阁门簿书两行，宣赞舍人两行，茶酒班，环卫官⑨，带御器械，拦前等；辇官人员，逍遥辇辇官十六人，御辇院官，阁门承受两行，御燎子头笼⑩，翰林司官；御丝鞋所，御服所，御座马两行十匹，马院总管，御军器库，睿思殿库，阁门库;阁门觉察官两行,长入祗候两行各二十六人,茶酒班殿侍各二十一人,快行亲从各三十二人,击鞭⑪两行各七人,殿前指挥使两行各二十一人居外,茶酒班殿侍两行各六人执从物居内,编排禁卫行子三十人于内往来编排,等子⑫人员十将两行各四人居外,御龙直⑬共八十二人执从物居内,知阁门事乘马行围子内,步帅乘马行围子内,亲从方围子两行各一百四十人。

【注释】

① 约拦:这里指负责约束阻拦百姓。

② 控拢亲从:为皇帝驾马的侍从。

③ 赞喝舍人:负责仪礼中礼赞、唱名的官员。

④ 天武:属于殿前司的禁军。五代时禁军叫控鹤,年龄大的叫宽衣控鹤,宋太平兴国时便改控鹤为天武,宽衣控鹤为天武散手。

⑤ 驾头:宋代帝王出行时,要有内臣抱香木所做的豪华御座于马上,称为驾头。

⑥ 引驾主首:在皇帝车驾前引导的官员。

⑦ 御史台知班:御史台的官员,掌管朝会威仪。

⑧ 尚书省录事:尚书省官员,掌管官员考勤。

⑨ 环卫官:即禁卫官,宋代为宗室所设的官职,共有四十八阶,都是虚衔,并无差遣。

⑩ 御燎子头笼:皇帝所用的烛笼之类的陈设物。

⑪ 击鞭:帝王出行,专门有人挥动响鞭使人肃静。

⑫ 等子:宋代御前侍卫兵的俗称。

⑬ 直:通"值",即值勤之意。

围子两边各四重:第一重内殿直已下两边各一百人,第二重崇政殿围子两边各一百人,第三重御龙直两边各一百人,第四重崇政殿围子两边各一百人,水手并觑捕等子两边各五人,拦前崇政殿亲从十七人,殿帅乘骑行围子内中道,主管禁军所内官等子两边各二十五人居外,中道第二日并恭谢。教坊乐人迎驾，念致语口号①等，并教坊乐部于此排立，快行亲从两行各三十人，麈②、斧③、拂子、水晶骨朵④、香球二人，打烛快行两行，驾回不用，编排官二人，执烛笼亲从两行，各七十四人，到众安桥去烛，驾回先行，行门⑤两行各十二人，当食官，听宣官，辇官人员，平辇辇官十六人，黄罗御伞二，黄罗御扇二，挟辇御药，带插外御带，带插阁下官，阁门觉察舍人，拦后围子，挟辇指挥使各二十一人，辇后乐东西两边共三十六人，第一日不作，天武两行各八人居外，都下亲从两行各八人，扇筤⑥，挟辇内殿直各二十二人，宰臣，使相，执政，宰执后约拦亲从二十二人，从驾臣僚分东西两班东班系尚书侍郎两制⑦等官，西班系正位宗室遥郡⑧，阁门觉察宣赞舍人，侍从后约拦亲从各二十二人。

车驾所经，诸司百官皆结彩门，迎驾起居。俟驾头将至，知班行门喝"班到排立"，次喝"躬身拜，再拜"驾回不拜，值雨免拜，班首奏"圣躬万福"，喝唱直身立觑巷军兵则呼"万岁"。

【注释】

① 致语口号：宋代朝廷大宴，乐队进祝颂词，词文均由文人代写，文中第一段对偶文字称为致语，后又有诗一首，称为口号。

② 麈（zhǔ）：本指驼鹿，俗称四不像，此处代指麈尾。古代传说麈迁徙时，以前麈之尾为方向标志，故古人制拂尘即称为麈尾。

③ 斧：即斧钺。

④ 骨朵：古代的一种兵器，顶端缀一蒜形或蒺藜形的头，以铁或坚木制成，唐以后用为刑杖，宋以后并用为仪仗，俗称金瓜。

⑤ 行门：行门禁卫的简称。

⑥ 扇筤（láng）：宋代皇帝出行，后有华盖，即筤；两扇夹心，就叫扇筤。

⑦ 两制：指翰林学士与中书舍人，二者皆为负责起草皇帝诏书的人，故称两制。

⑧ 遥郡：宋代武官名，共分五阶，被视为美职，落阶官（即不带其他阶官）称正任，正任官属非常调磨勘官。

武林旧事

8

大礼_{南郊 明堂}

三岁一郊。预于元日降诏，以冬至有事于南郊^①；或用次年元日行事_{明堂}^②止于半年前降诏，用是岁季秋上辛日^③。先于五六月内择日命帅漕^④及修内司^⑤修饰郊坛，及绞缚^⑥青城^⑦斋殿等屋，凡数百间，悉覆以苇席，护以青布。并差官兵修筑泥路，自太庙^⑧至泰禋门^⑨，又自嘉会门至丽正门，计九里三百二十步_{明堂止自太庙至丽正门}，皆以潮沙填筑，其平如席，以便五辂^⑩之往来。

【注释】

① 南郊：都城之外叫郊，南郊即城南之郊，帝王每年冬至日在圜丘祭天，因其在南郊，故亦称此祭典为南郊。本文所述为南郊与明堂两种大礼。

② 明堂：古代帝王宣明政教的地方。

③ 季秋上辛日：指农历九月上旬的辛日。

④ 帅漕：宋代诸道转运使的长官。

⑤ 修内司：官署名，元丰后隶属于将作监，掌管皇宫内宫殿垣宇及太庙修缮等事，南宋并兼造御前军器。

⑥ 绞缚：绞为缠绕，缚为捆扎，绞缚即装饰之意。

⑦ 青城：宋代祭天的宫殿名。

⑧ 太庙：皇家供奉祖宗的庙堂。

⑨ 泰禋(yīn)门：位置在青城之北。禋，祭祀的意思。

⑩ 五辂：古代帝王所乘坐的五种车子，即下文所说的"上御玉辂，从以四辂(金、象、革、木)"。

每队各有"歌头"，以彩旗为号，唱和《杵歌》等曲以相^①，两街居民各以彩段钱酒为犒。又命象院教象，前导朱旗，以二金三鼓为节 ②，各有幞头 ③ 紫衣蛮奴乘之，手执短镢 ④，旋转跪起，悉如人意。市井因竞市绘塑小象以馈遗四方 ⑤。又以车五乘，压之以铁，多至万斤，与辂轻重适等，以观疾徐倾侧之势。至前一月进呈，谓之"闪试" ⑥。及驾出前一日，缚大彩屋于太庙前，置辂其中，许都人观瞻。

【注释】

① 相：即伴随着劳动而唱歌的意思。

② 以二金三鼓为节：用两面锣与三面鼓来约束大象的行进。

③ 幞（pú）头：古人所戴的一种包头软巾。

④ 短镢（jué）：锄类的工具。

⑤ 竞市绘塑小象以馈遗（wèi）四方：竞相出售画的或塑的小象，来作为赠送亲友的礼物。

⑥ 闪试：指对车辆适应突变能力的测试。闪，义同"闪腰"之"闪"。

先自前一月以来，次第按试习仪，殆无虚日。郊前十日，执事陪祀等官，并受誓戒于尚书省宗室赴太庙受誓戒 ①。前三日，百官奏请皇帝致斋于大庆殿。

【注释】

① 誓戒：宣誓遵守祭祀之戒律。

是日，上服通天冠，绛纱袍，靖结佩 ①，升高座，侍中奏请降座，就斋室。次日，车驾诣景灵宫，服衮冕行礼仪从并同四孟 ②。礼毕驾回，就赴太庙斋殿宿斋。是夕四鼓 ③，上服衮冕 ④，诣祖宗诸室行朝飨之礼。是夜，卤簿 ⑤ 仪仗军兵于御路两傍分列，间以粝缚盆爇烛 ⑥，自太庙直至郊坛、泰禋门，辉映如昼。宰执亲王，贵家巨室，列幕栉比[7]，皆不远千里、不惮重费，预定于数月之前，而至期犹有为有力所夺者[8]。珠翠锦绣，绚烂于二十里间，虽寸地不容间也。歌舞游遨，工艺百物，辐辏争售，通宵骈阗[9]。至五鼓则䂍矟[10]先驱，所至皆灭灯火，盖清道祓除[11]之义。黎明，上御玉辂，从以四辂金、象、革、木，导以驯象，千官百司，法驾仪仗，锦绣杂遝[12]，盖十倍孟飨之数[13]，声容文物，不可尽述。次第出嘉会门，至青城斋宿明堂则径人丽正门斋殿斋宿。

【注释】

① 绮（zhēng）结佩：古者君子必佩玉，取其行而有声，而帝王斋戒，当静以致思，不宜有乐，故绪结其佩。绮，屈的意思。

② 仪从并同四孟：指礼节与随从与前“四孟驾出”相同。

③ 四鼓：四更，即夜里一点到三点，下文之“五鼓”即三点到五点。

④ 衮（gǔn）冕：衮衣和冠冕，古代帝王与大夫的礼服与礼帽。

⑤ 卤簿：帝王驾出时扈从的仪仗队。卤指甲盾，兵士先后次序都要登载于簿册，故称为卤簿。

⑥ 粈（shēn）盆蕡（fèi）烛：粈为粮食或油料加工后的渣滓，蕡为大麻籽。二者皆以雅语代指照明用的火炬。

⑦ 列幕栉比：帐幕陈列如梳子齿一样密集。

⑧ 至期犹有为有力所夺者：意思是到时候还有人被更有势力的人侵占的情况。

⑨ 骈阗（tián）：拥挤的样子。

⑩ 䂍矟（bó shuò）：叠韵联绵字，指古代仪仗用的一种兵器，据吴自牧《梦粱录》记载，其形如剑而有三刃，且刻䂍牛头于上。

⑪ 祓（fú）除：古代去凶除垢的仪式。

⑫ 杂遝（tà）：也作“杂沓”，众多纷杂的样子。

⑬ 十倍孟飨之数：意指其繁琐盛大十倍于"四孟驾出"。

四壁皆三衙诸军，周庐①坐甲②，军幕旌旗，布列前后，传呼唱号，列烛互巡，往来如织。行宫至暮则严更警场③ 太庙斋宿亦然，鼓角轰振。又有卫士十余队，每队十余人，互喝云："是与不是？"众应曰："是！"又喝云："是甚人？"众应曰："殿前都指挥使某人。"谓之"喝探"④。至三鼓，执事陪祀官并入，就黄坛排立，万灯辉耀，灿若列星。凡龊灯皆自为志号，谓如捧俎官⑤，则画一人为捧俎之状等类。盖灯多，不容不以此辨认，亦有好奇可笑者。用丑时一刻行事。

【注释】

① 周庐：秦汉时皇宫四周所设警卫庐舍，此代指警卫。

② 坐甲：指兵士拥甲而坐。

③ 严更警场：这里指以鼓声来戒止行人。严更，指夜晚督促行人的鼓声。

④ 喝探：呵止并探查盘问。

⑤ 捧俎(zǔ)官：捧俎器的官员。俎，一种祭祀用的礼器。

至期，上服通天冠、绛纱袍，乘辇，至大次，礼部侍郎奏中严外办①，礼仪使奏请皇帝行事。上服衮冕，步至小次，升自午阶。天步②所临皆藉以黄罗③，谓之"黄道"。中贵④一人以大金合⑤贮片脑⑥，迎前撒之。礼仪使前导，殿中监进大圭。至版位⑦，礼直官奏："有司谨具，请行事。"宫架乐作。自此上进止皆乐作。时壝⑧坛内外，凡数万众，皆肃然无哗。天风时送佩环韶頀⑨之音，真如九天吹下也。太社令升烟燔牲首⑩。上先诣昊天位，次皇地祇，次祖宗位，奠玉，祭酒，读册，文武二舞⑪，次亚、终献⑫。礼毕，上诣饮福位，受爵，饮福酒⑬登歌乐作。礼直官喝"赐胙"⑭，次"送神"，次"望燎"讫，礼仪使奏礼毕。上还大次，更衣，乘辇还斋宫，百僚追班，贺礼成于端诚殿。

【注释】

① 中严外办：宫中与宫外皆进入戒备状态。

② 天步：皇帝所走过的地方。

③ 黄罗：黄色的丝织品。

④ 中贵：指受皇帝宠信的宦官。

⑤ 大金合：即大金盒。

⑥ 片脑：即冰片龙脑香。

⑦ 版位：即神位牌。古代帝王祭祀天地诸神，数量极多且需有等级之别，宋王钦若奏请当以尊卑定位，后即奉诏制成版位，分别用金、黄、朱字题写。

⑧ 壝（wěi）：指祭坛周围的土墙。

⑨ 韶頀（sháo hù）：传说中商朝开国贤君汤的音乐。

⑩ 烟燔（fán）牲首：即用火烤牺牲的头。

⑪ 文武二舞：宫廷雅乐舞蹈，分为文舞与武舞两种，文舞又名治康，武舞名凯安。

⑫ 亚、终献：祭祀之礼当有三献，即初献、亚献与终献。

⑬ 福酒：古代祭祀时所余下的酒。

⑭ 赐胙：把祭祀后的肉赐给群臣。

黎明，上乘大安辇，从以五辂进发。教坊排立，奏念致语口号，讫；乐作；诸军队伍，亦次第鼓吹振作。千乘万骑，如云奔潮涌，四方万姓，如鳞次蚁聚，迤逦入丽正门。教坊排立，再奏致语口号，舞毕，降辇小憩，以俟办严①，登门肆赦②。弁阳老人有诗云：

黄道宫罗瑞脑香，衮龙升降佩锵锵。

大安辇奏乾安曲,万点明星簇紫皇。

又曰:

万骑云从簇锦围,内官排办马如飞。

九重间阖开清晓,太母登楼望驾归。

李鹤田诗云:

严更频报夜何其,万甲声传远近随。

栀子灯前红炯炯,大安辇上赴坛时。

【注释】

① 办严:即上文所说"中严外办"的简称。

② 肆赦:即大赦,罪人除犯十恶者一概免刑。参见下篇《登门肆赦》。

郊坛:天盘至地高三丈二尺四寸,通七十二级,分四成;上广七丈,共十二阶,分三十六龛;午阶阔一丈,主上升降由此阶,其余各阔五尺。圆坛之上,止设昊天上帝、皇地祇二神位,及太祖、太宗配①。三十六龛共祀五帝②、太乙、感生③、北极、北斗,及分祀众星三百六十位。仪仗用六千八百八十九人,自太庙排列至青城。玉辂下祗应人共三百二十一人:呵喝人员二人,教马官二人,挟捧轮将军四人,推轮车子官健八人,驾士班直二百三十二人,千牛卫将军二员,抱太常龙旗官六员,职掌五人,专知官一名,手分④一名,库子⑤八人,装挂匠二人,诸作工匠十五人,盖覆仪鸾司十一人,监官三员。金、象、革、木辂,每辂下一百五十六人。玉辂青饰,金辂黄饰,象辂红饰,革辂浅色饰,木辂黑饰_{辂下人冠服并依辂色}。玉辂前仪仗骑导:骑导官,左壁文臣,右壁武臣。六军仪仗官兵二千二百三十二人。左右诸卫将军十三员_{中道五员,左右八员}。金吾街仗司:执𤫊稍八十人,摄将军八员,仗下监门三十六员,鼓吹五百八十三人,导架乐人三百三十人。

① 太祖、太宗配：指祭天时以宋太祖赵匡胤与宋太宗赵光义配享。

② 五帝：指五方天帝，古人以东、西、南、北、中与五行及五色相配，认为由相应的五帝掌握。

③ 感生：即感生帝，古代统治者认为自己先人为五帝感应而生。

④ 手分：官府衙门中的办事吏员。

⑤ 库子：管理仓库的官吏。

登门肆赦

其日，驾自文德殿，诣丽正门御楼，教坊作乐迎导，参军色①念致语，杂剧色念口号。至御幄降辇，门下阁门进"中严外办"牌讫，御药喝唱"卷帘"，上出幄临轩，门下鸣鞭，宫架奏曲，帘卷，扇开，乐止，撞右五钟。

【注释】

① 参军色：指参军戏的演员。参军戏是流行于唐宋时的一种表演形式，由参军与苍鹘两个角色作滑稽诙谐的表演。色，指教坊的种类。

黄伞才出，门下宰臣以下两拜，分班立。门上中书令称："有敕，立金鸡①。"门下侍郎应喏，宣："奉敕，立金鸡。"鸡竿一起，门上仙鹤童子捧敕书降下，阁门接置案上，太常寺击鼓，鼓止，捧案至楼前中心。知阁称："宣付三省②。"参政跪受，捧制书③出班跪奏，请付外施行。门上中书令承旨宣曰："制可。"门下参政称："宣付三省。"遂以制书授宰臣，跪受讫，阁门提点开拆，授宣敕舍人，捧诣宣制位，起居舍人一员摘句读。舍人称："有制。"宰臣以下再拜。俟读至"咸赦除之"④，狱级奏脱枷讫⑤，罪囚应喏，三呼万岁，歌呼而出。候宣赦讫，门上舍人赞，枢密及中书令曲贺两拜，门下宣制舍人捧制书授宰臣，宰臣授刑部尚书，尚书授刑房录事讫。归班两拜，致词，三舞蹈，三叩头。知阁称："有制。"宰臣已下再拜。知阁宣答云："若时大庆，与卿等同之。"又拜舞如前。门上中书令奏礼毕，扇合，宫架乐作，帘降，乐止，撞左五钟。

【注释】

① 金鸡：古代帝王颁赦诏的时候，要立一竿，竿上有盘，立金饰，衔一红幡，上书"皇帝万岁"四字。

② 宣付三省：即交给三省办理。三省即中书省、门下省及尚书省。

③ 制书：皇帝的诏书。

④ 俟读至"咸赦除之"：等读到"全都赦免他们"这句话时。

⑤ 狱级奏脱枷讫：主管监狱的官吏奏陈已经把枷去掉了。

门下礼部郎中奏解严，上还幄次，门下鸣鞭，舍人喝："奉敕放仗。"宰臣已下再拜，退。次宣劳将士讫。乘辇归内，至南宫门，教坊迎驾，念致语口号如前。至文德殿降辇，舞毕，退。弁阳翁① 诗云：

> 换辇登门卷御帘，侍中承制舍人宣。
>
> 凤书乍脱金鸡口，一派欢声下九天。

【注释】

① 弁阳翁：即作者周密。

金鸡竿，长五丈五尺，四面各百戏①，一人缘索而上，谓之"抢金鸡"。先到者得利物②，呼万岁缠罗袄子一领，绢十匹，银碗一只重三两。

【注释】

① 百戏：指耍杂技的人。

② 利物：竞赛获得的奖品或彩头。

诸州进奏院各有递铺腰铃黄旗者①数人，俟宣赦讫，即先发太平州、万州、寿春府②，取"太平万寿"之语。以次俱发，铃声满道，都人竞观。

【注释】

① 递铺腰铃黄旗者：指传送文书的人，他们身佩铃铛、手持黄旗。

② 太平州：在今安徽当涂。万州：在今重庆万县。寿春府：在今安徽寿县。之所以先为这几个地方先发赦令，不过是取其名字的吉利罢了。

楼下排立次第：青龙、白虎旗各一，信旗二，方扇二，方圆罕罼①二，幢②四，剑二；将军二，僧众居左，道众居右，玉辂居中，太常宫架乐，宣赦台，招拜红旗③，击鼓，三院罪囚狱级居左，御马六匹居右，宣制位居中，横门，快行，承旨，三省官已下。

【注释】

① 罕罼(hàn bì)：也作"罼罕"，皇帝的仪仗。据《梦粱录》记载，此为用朱藤所编的网，罕为方形，罼为圆形，用来象征昴星与毕星，所以帝王出行用此作前导。

② 幢：一种饰有羽毛和锦绣的旌旗。

③ 招拜红旗：一种引导进退礼节的信号旗。

恭谢

大礼后,择日行恭谢礼^①。第一日,驾出如四孟仪,诣景灵宫天兴殿圣祖^②前行恭谢礼,次诣中殿祖宗神御前行礼,还斋殿进膳讫,引宰臣以下赐茶,茶毕奏事讫,还内。

【注释】

① 恭谢礼:帝王在大礼后要向神灵与祖宗礼拜恭谢,称恭谢礼。

② 天兴殿圣祖:据《事物纪原》载,景德年间,宋真宗梦到老子,上徽号为"九天司命天尊",后又梦到,再上尊号为"圣祖上灵高道九天司命保生天尊",简称"圣祖",并修天兴殿来供奉。

第二日,上乘辇自后殿门出,教坊都管已下于祥曦殿南迎驾起居,参军色念致语,杂剧色念口号,乐作,驾后乐东西班则于和宁门外排立,后从作乐。将至太乙宫,道士率众执威仪于万寿观前,入围子内迎驾起居,作法事,前导入太乙宫门降辇,候班齐,诣灵休殿参神,次诣五福、十神、太乙^①,次诣申佑殿_{本命}、北辰殿、通真殿_{佑圣}、顺福殿_{太后本命}、延寿殿_{南极}、火德殿^②,礼毕,宣宰臣以下合赴坐官并簪花,对御赐宴。上服幞头,红上盖,玉束带,不簪花。教坊乐作,前三盏用盘盏,后二盏屈卮^③。御筵毕,百官侍卫吏卒等并赐簪花从驾,缕翠滴金,各竞华丽,望之如锦绣。衙前乐都管已下三百人,自新桩桥西中道排立迎驾,念致语、口号如前。乐动《满路花》^④,至殿门起《寿同天》曲破^⑤,舞毕,退。姜白石有诗云:

> 六军文武浩如云,花簇头冠样样新。

惟有至尊浑不戴，尽将春色赐群臣。

万数簪花满御街，圣人先自景灵回。
不知后面花多少，但见红云冉冉来。

是日皇后及内中军马先还，宫中呼后为"圣人"。

【注释】

① 五福、十神、太乙：皆为神祇，宋代帝王在东太乙宫分别为这些神祇建立了宫观。

② "次诣"句：这六座宫殿是分别为不同的神与人修建的，如北辰殿为北斗星、火德殿为赤帝、延寿殿为南极老人、顺福殿为太后建等，《梦粱录》卷八有详细记载。

③ 屈卮(zhī)：有弯柄的酒杯。

④ 《满路花》：一种词牌名，双调八十三字。

⑤ 曲破：唐宋时的大曲由散序、中序和破三部分组成，只唱第三部分，叫作曲破。

圣节

其日，候宰执奏事讫①，追班②，上坐垂拱殿，先引枢密院并管军官上寿东京分为二日，今只并为一日，礼毕，再坐紫宸殿。上公已下分立，候奏班齐，上公诣御茶床前，躬进御酒，跪致词云："文武百僚臣某等稽首言：'天基令节③圣节名逐朝换④，臣等不胜大庆，谨上千万岁寿。'"下殿再拜。枢密宣答云："得公等寿酒，与公等内外同庆。"又再拜。教坊乐作，接盏讫，跪起，舞蹈如仪。阁门官喝："不该赴坐官先退⑤。"枢密喝："群臣升殿。"阁门分引上公已下合赴坐官升殿。第一盏宣视盏⑥，送御酒，歌板色唱《祝尧龄》，赐百官酒，罇篥⑦起舞《三台》⑧后并准此,供进肉咸豉。第二盏赐御酒,歌板起中腔,供进杂爆⑨。第三盏歌板唱踏歌,供进肉鲊⑩,候内官起茶床,枢密跪奏,礼毕。群臣降阶,舞蹈拜退。

【注释】

① 讫:完,结束。

② 追班:百官按次序谒见皇帝。

③ 天基令节:宝庆元年(1225),宋理宗赵昀登基,以其生日为天基节。此云"令",下文云"圣",均为敬词。

④ 圣节名逐朝换:因每个帝王为自己生日命名的节日名都不同,这里作者只是以理宗为例,故注明"逐朝换"。

⑤ 不该赴坐官先退:指品级不够的官吏可以先退了。

⑥ 宣视盏:即"宣示盏"。皇帝举盏,从东到西,宣示群臣,示意开宴。

⑦ 觱篥(bì lì):西域传入的一种竹管乐器。

⑧ 舞《三台》:指随《三台》曲而进行舞蹈表演。据说李邕自御史累迁尚书,三日间历三台,乐府以李邕晓音律,制此《三台》曲以悦之。

⑨ 杂爆:杂用多种肉爆炒的菜。

⑩ 肉鲊(zhǎ):鲊,本指用盐和米粉腌的鱼肉,此处泛指腌肉。

此上寿仪大略也。若锡宴①节次②,大率如《梦华》所载③,兹不赘书。今偶得理宗朝禁中寿筵乐次,因列于此,庶可想见承平之盛观也。

【注释】

① 锡宴:即赐宴。

② 节次:次序。

③ 大率:大致。

天基圣节排当^① **乐次** 正月五日

乐奏夹钟宫,觱篥起《万寿永无疆》引子,王恩^②。

上寿:

第一盏,觱篥起《圣寿齐天乐慢》,周润。

第二盏,笛起《帝寿昌慢》,潘俊。

第三盏,笙起《升平乐慢》,侯璋。

第四盏,方响^③起《万方宁慢》,余胜。

第五盏,觱篥起《永遇乐慢》,杨茂。

第六盏,笛起《寿南山慢》,卢宁。

第七盏,笙起《恋春光慢》,任荣祖。

第八盏,觱篥起《赏仙花慢》,王荣显。

第九盏,方响起《碧牡丹慢》,彭先。

第十盏,笛起《上苑春慢》,胡宁。

第十一盏,笙起《庆寿乐慢》,侯璋。

第十二盏,觱篥起《柳初新慢》,刘昌。

第十三盏,诸部合^④《万寿无疆·薄媚》曲破。

【注释】

① 排当:帝王宫中布置饮宴称为排当。对此后面《赏花》一文中作者亦有解释。

② "乐奏"三句:此句指由艺人王恩用觱篥吹奏夹钟宫调《万寿永无疆》曲子的引子。以下皆同。以下所涉及之曲名皆为当时流行的乐调。

③ 方响:古代磬类的打击乐器,用十六枚大小相同但厚薄不同的铁片组成,敲击时可发出不同声响。

④ 诸部合:即上举乐器一起合奏。

初坐:

乐奏夷则宫,觱篥起《上林春》引子,王荣显。

第一盏,觱篥起《万岁·梁州》曲破,齐汝贤;舞头,豪俊迈;舞尾,范宗茂。

第二盏,觱篥起《圣寿永》歌曲子,陆恩显;琵琶起《捧瑶卮慢》,王荣祖。

第三盏,唱《延寿长》歌曲子,李文庆;嵇琴起《花梢月慢》,李松。

第四盏,玉轴琵琶独弹正黄宫《福寿永康宁》,俞达;拍[①],王良卿。觱篥起《庆寿新》,周润;进谭子笛哨[②],潘俊;杖鼓,朱尧卿;拍,王良卿。进念致语等,时和:

伏以华枢纪节[③],瑶墀先五日之春;玉历发祥,圣世启千龄之运。欢腾薄海[④],庆溢大廷。恭惟皇帝陛下睿哲如尧,俭勤迈禹。躬行德化,跻民寿域[⑤]之中;治洽泰和,措世春台之上[⑥]。皇后殿下道符坤顺,位俪乾纲[⑦],宫闱资阴教之修,海宇仰母仪之正。有德者必寿,六十个甲子环周;申命其用休,亿万载皇图巩固。臣等生逢华旦,叨预伶官[⑧],辄采声诗,恭陈口号:

上圣天生自有真,千龄宝运纪休辰。

贯枢瑞彩昭璇象,满室红光袅翠麟。

黄阁清夷瑶荚晓,未央闲暇玉卮春[⑨]。

箕畴[⑩]五福咸敷敛,皇极躬持锡庶民。

日迟鸾旆,喜聆舜乐之和;天近鹓墀,宜进《齐谐》之伎[⑪]。上奉天颜。吴师贤已下,上进小杂剧。

杂剧:吴师贤已下做《君圣臣贤爨[⑫]》,断送[⑬]《万岁声》。

第五盏,笙独吹小石角《长生宝》宴乐,侯璋;拍,张亨;笛起《降圣乐慢》,卢宁。杂剧:周朝清已下做《三京下书》,断送《瑶池游》。

第六盏,筝独弹高双调《聚仙欢》,陈仪;拍,谢用;方响起《尧阶乐慢》,刘民和;《圣花》,金宝。

第七盏，玉方响独打道调宫《圣寿永》，余胜；拍，王良卿；筝起《出墙花慢》，吴宣。杂手艺《祝寿进香仙人》，赵喜。

第八盏，《万寿祝天基》，断队。

第九盏，箫起《缕金蝉慢》，傅昌宁；笙起《托娇莺慢》，任荣祖。

第十盏，诸部合《齐天乐》曲破。

【注释】

① 拍：即拍板，也叫檀板，这里指打拍的人。

② 进谭子笛哨："谭"当作"诨"，即用笛哨插科打诨的意思。

③ 华枢纪节：中华帝王寿辰的节日。

④ 薄海：指接近海边，代指海内外的广大地区。

⑤ 跻(jī)民寿域：使人民都能安享长寿。跻，登上的意思。

⑥ 措世春台之上：春台指登高游胜之地，此处指帝王把世界治理得如春台一样美好。

⑦ 道符坤顺，位俪乾纲：古代人认为乾为阳、坤为阴，故以乾喻帝王、以坤喻皇后。这里赞扬皇后行事符合温顺的规范，同时也是帝王的好配偶。

⑧ 叨预伶官：即有幸成为宫廷的伶官。叨，叨光之意，谦词。

⑨ "黄阁"二句：这两句是说由于天下太平，故宰相很清闲。黄阁，指宰相议政之处，代指宰相。未央，汉代未央宫为议政之处，此代指宫殿。

⑩ 箕畴：相传古代贤人箕子治《洪范九畴》之法，故曰"箕畴"。此句指帝王用箕畴之法把五福都集中到一起了。

⑪ 《齐谐》之伎：《齐谐》是古代记述滑稽诙谐故事的书，这里表示要给皇帝演出些滑稽节目来取乐。

⑫ 爨(cuàn)：指五花爨弄，宋金时期流行的一种戏剧形式。

⑬ 断送：打发、发送的意思，指杂剧演出告一段落时，再送一乐曲。

再坐：

第一盏，觱篥起《庆芳春慢》，杨茂；笛起《延寿曲慢》，潘俊。

第二盏，笙起《月中仙慢》，侯璋；嵇琴起《寿炉香慢》，李松。

第三盏，觱篥起《庆箫韶慢》，王荣显；笙起《月明对花灯慢》，任荣祖。

第四盏，琵琶独弹高双调《会群仙》，方响起《玉京春慢》，余胜。杂剧：何晏喜已下做《杨饭》，断送《四时欢》。

第五盏，诸部合《老人星降黄龙》曲破。

第六盏，觱篥独吹商角调《筵前保寿乐》。杂剧：时和已下做《四偌少年游》，断送《贺时丰》。

第七盏，鼓笛曲拜舞《六幺》①。弄傀儡②《踢架儿》，卢逢春。

第八盏，箫独吹双声调《玉箫声》。

第九盏，诸部合无射宫《碎锦梁州歌头》大曲。杂手艺《永团圆》，赵喜。

第十盏，笛独吹高平调《庆千秋》。

第十一盏，琵琶独弹大吕调《寿齐天》。撮弄③《寿果放生》，姚润。

第十二盏，诸部合《万寿兴隆乐》法曲。

第十三盏，方响独打高宫《惜春》。傀儡舞《鲍老》④。

第十四盏，筝、琶、方响合，《缠令⑤神曲》。

第十五盏，诸部合夷则羽《六幺》。巧百戏，赵喜。

第十六盏，管下独吹无射商《柳初新》。

第十七盏，鼓板。舞绾《寿星》，姚润。

第十八盏，诸部合《梅花伊州》。

第十九盏，笙独吹正平调《寿长春》。傀儡《群仙会》，卢逢春。

第二十盏，觱篥起《万花新》曲破。

【注释】

①《六幺》：即《六幺令》，曲牌名，全曲六句，故称《六幺》。

②傀儡：即木偶戏。

③撮弄：即变戏法。据伊永文说，《寿果放生》是从寿桃之类的果子中变出飞鸟来放生。

④《鲍老》：是当时的一种傀儡舞，参见卷二《舞队》篇。

⑤缠令：宋代的一种说唱形式，有引子、尾声，可长可短。

祗应人 [①]：

都管：周朝清、陆恩显。

杂剧色：吴师贤、赵恩、王太一、朱旺猪儿头、时和、金宝、俞庆、何晏喜、沈定、吴国贤、王寿、赵宁、胡宁、郑喜、陆寿。

歌板色：李文庆。

拍板色：王良卿、张亨、谢用。

箫色：傅昌宁、朱明复、李允信。

筝色：陈仪、豪辅文、吴宣、豪俊贤、徐显祖、张广。

琵琶色：王荣祖、俞达、豪俊民、豪俊迈、段继祖。

嵇琴色：李松、侯端、孙民显。

笙色：侯璋、叶茂青、任荣祖、董茂、张瑾、潘宝、姚拱、范椿、孙昌、莫正、周珍、马椿、姚舜臣、陈保。

觱篥色：齐汝贤、周润、杨茂、王恩、王荣显、姜师贤、刘昌、杨彬、王福、杜明、喻祥、周忠恕、夏福、徐珏、周喜、闻澄、沈寿、丁预、郑亨、周佐、杨瑾、沈康、郑聪、莫寿、潘显祖、时润、胡俏、周信、李圭、李润、史显、金寿。

笛色：杨德茂、潘俊、卢宁、彭俊、贺昌、贺寿、胡师文、寿椿、姚宝、张茂祖、崔兴、朱珍、张茂才、金贵、潘显祖、沈寿、周兴、李大用、董大有、金明、赵喜、莫及、张春、叶茂、胡宁、任显、张椿、孙宁、彭进、李荣、全宁、金彦恭、董喜、王佑、来亨、王喜、顾和、顾松、金显、董宁、杜松、李椿、张椿、何福、管思齐、朱喜、花椿、李拱辰。

方响色：余胜、彭先、刘民和、黄桂、姜大亨、张荣。

杖鼓色：朱尧卿、冯喜、时忠、施荣、朱拱辰、周忠、李显、姚宝、叶茂、李荣祖。

大鼓色：王喜、邓珍、王宣、顾荣。

舞旋色：范宗茂。

内中上教：张明、倪椿、潘恩、石琇、张琳。

弄傀儡：卢逢春等六人。

杂手艺：姚润等九人。

女厮扑：张椿等十人。

筑球军：陆宝等二十四人。

百戏：沈庆等六十四人。

百禽鸣②：胡福等二人。

【注释】

① 祗（zhī）应人：即供奉、当差的艺人。

② 百禽鸣：学百鸟鸣叫的口技。

卷二

御教

寿皇留意武事，在位凡五大阅_{乾道二年、四年、六年、淳熙四年、十年}，或幸^①白石，或幸茅滩，或幸龙山。一时仪文^②、士马、戈甲、旌旗之盛，虽各不同。今撮其要，以著于此。

【注释】

① 幸：皇帝亲临称为"幸"。此处所言白石、茅滩、龙山当为教演兵场。

② 仪文：礼仪与所需使用的行头。

先一日，诸军人马，全装执色^①，于教场东布列军幕宿营。至日，殿前马步诸军先赴教场，下方营，并亲随军排列将坛之后。质明^②，三衙管军官并全装从驾。上自祥曦殿戎服乘马，太子、亲王、宰执、近臣并戎服乘马以从，护圣马军八百骑，分执枪、旗、弓、矢军器，前后奏随军番部大乐^③等详见后御教仪卫次第。驾入教场，升幄殿。殿帅执桵^④躬奏："诸司人马排立齐！"举黄旗招诸军向御殿敲梆子，一鼓唱喏，一鼓呼"万岁"，再一鼓又呼"万岁"，叠鼓呼"万万岁"，又一鼓唱喏。殿帅奏取圣旨，鸣角发严^⑤；上御金装甲胄，登将坛，幄殿鸣角戒严；殿帅奏取圣旨，马步军整队成屯，以备教战。

【注释】

① 全装执色：全副武装，装备仪仗等器物。

② 质明：天刚亮的时候。

③ 番部大乐：一种少数民族的音乐。

④ 檛（zhuā）：马鞭。

⑤ 鸣角发严：吹响号角发出严阵以待的指令。

连三鼓，马军上马，步军起旗、枪分东西，为应敌之势。举白旗教方阵，黄旗变圆阵，皂旗变曲阵，青旗变直阵，绯旗变锐阵，绯心皂旗①作长蛇阵，绯心青旗作伏虎阵。殿帅奏取圣旨，两阵各遣勇将挑战，变八圆阵。叠鼓举旗，左马军战右步军，右马军战左步军；再叠鼓交旗②，击刺混战；三叠金③，分阵④，大势马军四面大战；三叠金，分阵，殿帅奏教阵讫。取旨，人马摆列当头，鸣角簇队，以候放教⑤。诸军呈大刀、车、炮、烟、枪诸色武艺，御前传宣，抚谕将士。射生官⑥进献獐鹿，上更戎服，赐宰臣以下对御酒五行。殿帅奏取旨谢恩如前，唱喏讫，驾出教场。

【注释】

① 绯心皂旗：即红心黑旗。

② 交旗：信号旗交叉摆动。

③ 三叠金：敲三次密锣。

④ 分阵：分开阵营。

⑤ 放教：发放教演敕令。

⑥ 射生官：唐肃宗时选择精善骑射的人，成立衙前射生手，也叫供奉射生官，后世沿袭。射生，即射取生物。

是日，太上皇于都亭驿设帘幄以观。驾至，邀上入幄，宣唤管军官，赐大金碗酒于帘外。都人赞叹，以为盛观。时殿司旗帜以黄，马司以绯，步司以白。以道路隘促，止用从驾军一万二千四百人，分为二百四十八小队。戈甲耀日，旌旗蔽天，连亘二十余里，粲如锦绣。都人纵观，以为前所未有。凡支犒^①金银钱帛，以巨万计，悉出内库^②，户部^③不与焉。

【注释】

① 支犒(kào)：支出与犒赏的费用。

② 内库：皇家的府库。

③ 户部：六部之一，财政事务归其管理。此处意思是说，这些支出都由皇帝自己出钱，政府不用出钱。

御教仪卫次第

文物仪卫，并同四孟驾出，今止添入后项。

弹压前队侍立使臣都辖：执黄龙旗使臣，执绣龙旗使臣，带弓箭、汗胯^①、豹尾^②使臣四员，带汗胯、员琦剑^③使臣十员。弹压后队侍立使臣都辖：黄罗戏珠龙旗，黄绣龙旗二，豹尾使臣四，员琦剑使臣十人。供进马四匹，带甲御马，御前金装甲马，管押使臣幕士，内中正供马，兽医押槽，黄绣龙传宣旗二，小龙传宣旗十，随逐巡视官，马院禁卫官，引马监官二员，供马监官二员，圣驾供鞭通管二员，掇梢提辖二员，日乌独脚旗，挟驾指挥使四十二人，销金龙旗二，犀皮御座椅，钤^④、锤、刀子左、匙、箸、刀子〕右，青毡御笠，褐毡御笠，金凤瓶，丝鞋箧子，御膳箧子，玉靶于阗刀^⑤，金洗漱^⑥，皂白御靴，马脑^⑦于阗刀，水晶于阗刀，通犀^⑧于阗刀，角靶^⑨于阗刀，酒鳖子^⑩大小，白豹皮杖樿^⑪，梳刷马盂袋，黑漆套盘，圭木套盘，白虎皮杖樿，销金弓箭葫芦，虎豹皮弓箭袋葫芦，饮水角，拍板二，哨笛四，番鼓二十四人，弹压乐器使臣，管押训练官，杏黄龙旗二，觱篥二，札子九，大鼓十，龙笛四，从驾官宰臣已下并如常日，临安府弹压官属。

【注释】

① 汗胯：革带上可以悬挂兵器的饰物。

② 豹尾：仪仗名，指豹尾旛，用赤黄布上画豹纹。

③ 员琦剑：用美玉做柄的剑。琦，美玉。

④ 钤（qián）：车辖，即车轴两头的小插销。

⑤ 玉靶于阗刀：即用玉做刀柄的于阗刀。于阗是新疆一带的古国，善造刀具。

⑥ 金洗漱：黄金做的洗漱用具。

⑦ 马脑：即玛瑙。

⑧ 通犀：犀牛角的一种，其角上有一白线通贯，故称通犀。

⑨ 角靶：用牛角做刀靶。

⑩ 酒鳖子：酒袋之类盛酒的东西。

⑪ 杖榼（kē）：可以挑在杖头的盛水或盛酒器具。

燕射

淳熙元年九月，孝宗幸玉津园①，讲燕射礼②，皇太子、宰执、使相、侍从③、正任④皆从。辇至殿门外少驻，教坊进念致语、口号，作乐，出丽正门，由嘉会门至玉津园，赐宴酒三行。

【注释】

① 玉津园：位于临安城南嘉会门外四里。

② 燕射礼：古代射礼之一，指闲暇时相与射箭宴饮为乐。

③ 侍从：宋代称翰林学士、给事中、六尚书、侍郎为侍从，中书舍人以下叫小侍从。

④ 正任：宋代官员不兼他官者称正任。

上服头巾、窄衣、束带、丝鞋,临轩,内侍御带进弓箭。看箭人喝:"看御箭!"教坊乐作。射垛前排立,招箭班[1]应喏,皇帝第二箭射中,皇太子已下各再拜称贺,进御酒,并宣劝讫。皇太子及臣僚射弓,第四箭射中。上再射第五箭,又中的,传旨不贺。舍人先引皇太子当殿赐窄衣、金束带,次引射中臣僚受赐如前。再进御酒,奏乐,用杂剧[2]。次赐宰臣以下十两银碗各一只。上赋七言诗[3],丞相曾怀[4]已下属和[5]以进,上乘逍遥辇,出玉津园,教坊进念口号,至祥曦殿,降辇。

【注释】

[1] 招箭班:查看箭靶的人,他们分立左右,大声唱喝是否射中。

[2] 用杂剧:即搬演杂剧以助兴。

[3] 上赋七言诗:孝宗皇帝所赋诗名为《游玉津园赐皇太子以下官》。

[4] 曾怀:字钦道,福建晋江人,历任金坛主簿、真州知州,孝宗时官至丞相。

[5] 属和:指群臣按皇帝的韵来作和诗。

招箭班者服紫衣、幞头,叉手立于垛前。御箭之来,能以幞头取势转导入的[a],亦绝伎也。

【注释】

[1] "能以幞头"句:意思是用幞头顺着箭的来势把它引导到靶心。

公主下降

南渡以来[1],公主无及嫁者。独理宗朝周汉国公主,出降慈明太后侄孙杨镇,礼文[2]颇盛,今摭梗概于此。

【注释】

① 南渡以来：即宋高宗赵构渡江南下，建立南宋以后。

② 礼文：指仪礼与所用物品。

先是择日^①，遣天使^②宣召驸马至东华门，引见便殿，赐玉带、靴、笏、鞍马及红罗百匹、银器百两、衣著百匹、聘财银一万两，对御赐筵五盏，用教坊乐，候毕，谢恩讫。乘涂金御仙花^③鞍辔狨座^④马，执丝鞭，张三檐伞，教坊乐部五十人前引还第，谓之"宣系"^⑤。进财物件^⑥，并照《国朝会要》^⑦，太常寺^⑧关报有司^⑨办造。

【注释】

① 择日：古婚礼仪式之一，即选择吉日。

② 天使：天子的使者。

③ 御仙花：指荔枝，宋制规定某一品级可用御仙花图案。

④ 狨（róng）座：狨皮制成的坐褥，宋制规定文臣中书舍人以上、武臣节度使以上，用狨毛座。狨，金丝猴。

⑤ 宣系：宋时贵族迎娶时，以教坊乐部在前引导，叫作宣系。

⑥ 进财物件：新娘的陪嫁物。

⑦《国朝会要》：《会要》是分门别类，记载某一朝典章制度与文物故实的书。国朝即指本朝。

⑧ 太常寺：专职掌管礼乐、封赠等事务的官署。

⑨ 关报有司：用文书通告有关部门。

先一月，宣宰执常服系鞋^①，诣后殿西廊，观看公主房奁^②：真珠九翚四凤冠^③，褕翟衣^④一副，真珠玉佩一副，金革带一条，玉龙冠，绶玉环，北珠冠花篦^⑤环，七宝冠花篦环，真珠大衣、背子^⑥，真珠翠领四时衣服，累珠嵌宝金器，涂金器，贴金器，出从贴金银装檐^⑦等，锦绣销金帐幔、陈设、茵褥、地衣、步障^⑧等物。

【注释】

① 常服系鞋：穿平常的衣服和有带子的鞋。

② 房奁：即陪嫁。

③ 真珠九翚（huī）四凤冠：装饰有珍珠、九只五彩锦鸡、四只凤凰的凤冠。真珠，即珍珠。翚，山雉、锦鸡。

④ 褕翟（yú dí）衣：古代侯伯夫人的衣服。褕，指华美的衣服。翟，指长尾野雉，因这种衣服上多绣有雉。

⑤ 篦（bì）：梳发用具，疏者称梳，密者称篦。

⑥ 背子：半袖上衣，隋朝宫人与百官女眷所穿，到唐代又改为半袖，成为礼见宾客的常服。

⑦ 檐（dàn）：即檐子，类似于轿子，但没有屏障，用竹竿以人肩抬，故称檐子。

⑧ 步障：用来遮避风尘或内外的屏幕。

其日，驸马常服玉带，乘马至和宁门，易冕服，至东华门，用雁币①、玉马等，行亲迎礼②用熙宁故事③。公主戴九翚四凤冠，服褕翟缥袖④，升檐。

【注释】

① 雁币：大雁与币帛，古时用此二物作婚嫁时的聘礼，之所以用大雁是因为古人认为大雁的感情坚贞。

② 亲迎礼：古代婚礼分为纳征、纳采、问名、纳吉、请期、亲迎六礼，亲迎礼即指新郎亲自到新娘家里迎娶并拜堂的礼节。

③ 熙宁故事：熙宁（1068—1077）为北宋神宗赵顼的年号，这里指用熙宁间公主出嫁的规矩来办理。

④ 缥（xūn）袖：浅红色的袖子。

其前：天文官，本位从物从人①，烛笼二十，本位使臣，插钗童子八人，方扇四，圆扇四，引障花十，提灯二十，行障，坐障。皇后亲送，乘九龙檐子，皇太子乘马，围子左右两重，其后太师判宗正寺②荣王、荣王夫人及诸命妇。至第，赐御筵九盏。筵毕，皇后、太子先还，公主归位，行同牢③礼用开宝④礼。然后亲行盥馈舅姑之礼⑤开宝通礼。谒见舅姑，用名纸⑥一副，衣一袭，手帕一盒，妆奁⑦，藻豆袋⑧，银器三百两，衣著五百匹，余亲各有差⑨。三朝⑩，公主、驸马并入内谢恩，宣赐礼物，赐宴禁中。外庭奉表称贺，赐宰执、亲王、侍从、内职管军副都指挥使已上，金银钱币会子⑪有差依熙宁式，驸马家亲属，各等第推恩⑫。

【注释】

① 本位从物从人：指按照公主的身份所应有的陪嫁物与仆人。

② 宗正寺：专门掌管皇族事务的官署。

③ 同牢：也称共牢，古代婚礼中新婚夫妇同食的仪式。

④ 开宝：宋太祖赵匡胤的年号，公元 968—976 年。

⑤ 盥馈舅姑之礼：新娘侍奉公婆盥洗进膳的礼仪。舅姑，古代指公婆。

⑥ 名纸：名片。

⑦ 妆奁（lù）：梳妆用的小匣子。

⑧ 藻豆袋：应为"澡豆袋"，古人洗澡所用卫生用品，乃以豆末合药制成，故称澡豆。此即装澡豆的袋子。

⑨ 余亲各有差：其余的亲属各有不同。

⑩ 三朝：指婚后第三天，新娘要回门。

⑪ 会子：宋代发行的一种纸币。

⑫ 各等第推恩：各自按照等第亲疏而恩赐不同的礼物。

唱名

第一名承事郎①,第二名、第三名并文林郎②,第一甲赐进士及第③,第二甲同进士及第,第三甲、第四甲赐进士出身,第五甲同进士出身。武举④第一名秉义郎。特奏⑤第一名同进士出身。

【注释】

① 第一名承事郎：第一名的状元授予承事郎的官衔。

② 文林郎：第二名榜眼、第三名探花授文林郎的官衔。

③ 第一甲赐进士及第：除前三名外的第一等,叫"赐进士及第"。下同。

④ 武举：科举考试中的武科,其第一名即武状元。

⑤ 特奏：即特奏名,宋代规定对于多年考不中的人经皇帝开恩批准附试录取的,叫特奏名。

上御集英殿,拆号①唱进士名,各赐绿襕袍②、白简③、黄衬衫。武举人赐紫罗袍、镀金带、牙笏。赐状元等三人酒食五盏,余人各赐泡饭。前三名各进谢恩诗一首,皆重戴④、绿袍、丝鞭、骏马。快行⑤各持敕黄⑥于前,黄幡杂遝,多至数十百面,各书诗一句于上。呵殿⑦如云,皆平日交游亲旧相迓⑧之人,或三学使令斋臧辈⑨。若执事之人,则系帅漕司差到状元局祗应⑩。亦有术人相士辈,自炫预定魁选⑪,鼓舞于中。自东华门至期集所⑫,豪家贵邸,竞列彩幕纵观,其有少年未有室家者,亦往往于此择婿焉。

【注释】

① 拆号：拆开封好的试卷。

② 襕（lán）袍：古代进士与国子生所穿的衣服，用白细布做，圆领大袖，下有横襕。

③ 白简：玉制的笏板。

④ 重戴：在头巾上再加戴帽子。

⑤ 快行：宫廷中专供奔走送信的人。

⑥ 敕黄：用黄纸书写的诏书，始自唐高宗，后世沿用。

⑦ 呵殿：官员出行前呼后拥的随从人员。呵指在前喝道者，殿指殿后者。

⑧ 相迓：相交往。

⑨ 三学使令斋臧辈：即太学中使唤的仆隶之类的人。三学，宋代太学分为外舍、内舍与上舍，合称三学。臧，仆人。

⑩ 祗应：听候差遣。

⑪ 自炫预定魁选：自己炫耀说他早就算出了状元。

⑫ 期集所：新科进士聚会的地方。

期集所例置局于礼部贡院前，三人主之，于内遴选所长①，以充职事，有纠弹、笺表、主管、题名②、小录、掌仪、典客、掌计、掌器、掌膳、掌酒果、监门等。后旬日朝谢③。又数日，拜黄甲④，叙同年⑤。其仪：三名设褥于堂上，东西相向，四十已上立于东廊，四十已下立于西廊⑥，皆再拜。拜已，择榜中年长者一人，状元拜之；复择少者一人，拜状元。又数日，赴国子监，谒谢先圣先师⑦讫，赐闻喜宴⑧于局中，侍从已上及馆职皆与，知举官⑨押宴⑩，遂立题名石刻。凡费悉出于官及诸阃⑪馈遗云。

【注释】

① 遴（lín）选所长：选择有专长的人。

② 题名：按惯例，新科进士要把名字刻在石碑上，叫作题名。而登记进士名录叫小录。

③ 朝谢：新科进士按惯例向皇帝行谢恩之礼。

④ 拜黄甲：按惯例，贡院需设香案，供用黄纸所录新科进士榜，即黄甲，状元率领新科进士参拜。

⑤ 叙同年：新科进士的团拜活动。同一年考上进士的人互称"同年"。

⑥ "三名"四句：前三名坐堂上，其余的人按年龄分两班，四十岁以上的在东廊，四十岁以下的在西廊。

⑦ 先圣先师：指孔子。

⑧ 闻喜宴：唐朝进士放榜后，集钱大宴于曲江亭，称曲江宴，也叫闻喜宴；宋代则由朝廷置宴，成为惯例。

⑨ 知举官：皇帝所任命的主持科考的大臣。

⑩ 押宴：主持宴会。

⑪ 阃（kǔn）：本为国门之义，引申指统兵在外的将帅。

元正

朝廷元日①、冬至，行大朝会。仪则：百官冠冕朝服，备法驾，设黄麾仗②三千三百五十人视东京③已减三之一，用太常雅乐、宫架、登歌④，太子、上公、亲王、宰执并赴紫宸殿立班进酒，上千万岁寿。上公致辞，枢密宣答，次诸国使人及诸州人献朝贺，然后奏乐、进酒、赐宴。

【注释】

① 元日：即大年初一。

② 黄麾仗：皇帝仪仗所用的黄色旌旗，唐朝用于冬至朝会等，宋神宗时方用于元日。

③ 东京：指汴京，代指北宋。据《宋史》载，北宋时黄麾仗用五千余人。

④ 登歌：升堂奏歌。

此礼不能常行,每岁禁中止是①。以三茅钟②鸣,驾兴,上服幞头、玉带、靴、袍,先诣福宁殿龙墀及圣堂炷香用蜡沉脑子③,次至天章阁祖宗神御殿④,行酌献礼⑤,次诣东朝奉贺,复回福宁殿,受皇后、太子、皇子、公主、贵妃至郡夫人、内官、大内已下贺。贺毕,驾始过大庆殿,御史台、阁门分引文武百僚,追班称贺,大起居⑥十六拜,致辞上寿,枢密宣答,礼毕,放仗⑦。是日,后苑⑧排办御筵于清燕殿,用插食盘架⑨。午后,修内司排办晚筵于庆瑞殿,用烟火、进市食、赏灯,并如元夕⑩。

【注释】

① 每岁禁中止是:每年宫中只有这两次。是,代词。

② 三茅钟:亦称三茆钟:据《梦粱录》记载,原为唐代常州澄清观的钟,后赐于三茆堂(供道教三茆真君,故名),故称三茆钟,宫中以此钟声为作息起居的时间。

③ 蜡沉脑子:以沉香木与龙脑制成的香。

④ 神御殿:供奉帝王遗像的宫殿。

⑤ 酌献礼:酌酒献神的礼节。

⑥ 大起居:起居本为问候之义,宋代规定每五日群臣随宰相入见,称为起居。这属于常起居,一般两拜,而大起居则更为隆重。

⑦ 放仗:解散仪仗。

⑧ 后苑:原为后苑作与制造御前生活所,后合并,简称后苑,专掌制造宫廷生活所需及皇族婚娶名物。靖康元年,国难当头,钦宗罢去内外司局一百零五处,独留后苑作、御前生活所,以供奉太上皇徽宗(时居龙德宫)。

⑨ 插食盘架:宫廷内部宴赏的一种。

⑩ 并如元夕:指都与元宵节一样,可以放烟火、允许小贩进宫卖食品等。

立春

前一日，临安府造进大春牛^①，设之福宁殿^②庭。及驾临幸，内官皆用五色丝彩杖鞭牛^③，御药院例取牛睛，以充眼药。余属直阁婆^{号管人都行首④}掌管。预造小春牛数十，饰彩幡^⑤、雪柳^⑥，分送殿阁巨珰^⑦，各随以金银钱彩段为酬。

【注释】

① 春牛：即土牛，用来表示劝农与春耕的开始。

② 福宁殿：宋室祖庙之正殿。

③ 鞭牛：也叫"鞭春""打春"，象征春耕开始。

④ 管人都行首：即内侍宫女的领班。

⑤ 彩幡：即下文所云"幡胜"，古代立春日用有色的绢或纸剪成的小旗或其他饰物，也叫彩胜、人胜，插头发上或系在花枝上表示迎春，并用来互相馈赠。

⑥ 雪柳：用丝绸或纸扎的装饰品。

⑦ 巨珰：有权势的宦官。

是日，赐百官春幡胜，宰执、亲王以金，余以金裹银及罗帛为之，系文思院^①造进。各垂于幞头之左入谢。后苑办造春盘^②供进，及分赐贵邸、宰臣、巨珰，翠缕红丝，金鸡玉燕，备极精巧，每盘直万钱。学士院撰进春帖子^③，帝后、贵妃、夫人、诸阁，各有定式，绛罗金缕，华粲可观。临安府亦鞭春开宴，而邸第馈遗，则多效内廷^④焉。

【注释】

① 文思院：宋监当局名，掌制金银、玉器及舆辇、册宝、法物等。

② 春盘：古人于立春日，取生菜、果品、饼、糖等置于盘中为食，取迎新之意，称为春盘。皇帝亦以之赐予近臣。

③ 春帖子：宋代制度，立春日翰林学士院要书写春词，剪贴于宫中门帐，称为春帖子，大多为绝句，粉饰太平或稍寓规谏。

④ 多效内廷：指临安府立春之庆贺多仿效宫廷。

元夕

禁中自去岁九月赏菊灯①之后，迤逦试灯，谓之"预赏"。一入新正②，灯火日盛，皆修内司诸珰分主之，竞出新意，年异而岁不同。往往于复古、膴福、清燕、明华等殿张挂，及宣德门、梅堂、三闲台等处，临时取旨，起立鳌山③。

灯之品极多见后灯品，每以苏灯④为最：圈片大者，径三四尺，皆五色琉璃所成，山水、人物、花竹、翎毛，种种奇妙，俨然著色便面⑤也。其后福州所进，则纯用白玉，晃耀夺目，如清冰玉壶，爽彻心目。近岁新安所进益奇，虽圈骨悉皆琉璃所为，号"无骨灯"⑥。禁中尝令作琉璃灯山，其高五丈，人物皆用机关活动，结大彩楼贮之；又于殿堂梁栋窗户间为涌壁⑦，作诸色故事⑧，龙凤喷水⑨，蜿蜒如生，遂为诸灯之冠。前后设玉栅帘，宝光花影，不可正视。仙韶内人⑩，迭奏新曲，声闻人间。殿上铺连五色琉璃阁，皆球文⑪、戏龙、百花。小窗间垂小水晶帘，流苏宝带，交映璀璨。中设御座，恍然如在广寒清虚府⑫中也。

【注释】

① 菊灯：菊花在农历的九月开放，古人多于重阳节赏灯，称为菊灯。

② 新正：指新年的正月，亦指元旦。

40

③ 鳌山：将彩灯堆叠如山，称为鳌山。

④ 苏灯：苏州制作的灯。

⑤ 便面：古时一种用来遮面的扇状物，后也以之称团扇、折扇。

⑥ 无骨灯：灯笼必有骨架支撑，在亮灯时，这些骨架便会成为暗影，而此用透明的琉璃做骨，则没有暗影，看似无骨。

⑦ 涌壁：即壁画。

⑧ 作诸色故事：即画许多故事的图案。

⑨ 噀（xùn）水：喷水。

⑩ 仙韶内人：指宫廷的乐工。仙韶，即仙韶院，唐文宗时改法曲为仙韶曲，以伶官所住之处为仙韶院。

⑪ 球文：圆形的花纹。

⑫ 广寒清虚府：广寒宫、清虚府、清虚殿，皆指月宫。

至二鼓，上乘小辇幸宣德门观鳌山。擎辇者皆倒行以便观赏。金炉脑麝，如祥云五色，荧煌炫转，照耀天地。山灯凡数千百种，极其新巧，怪怪奇奇，无所不有。中以五色玉栅簇成"皇帝万岁"四大字。其上伶官奏乐，称念口号致语；其下为大露台，百艺群工，竞呈奇伎。内人①及小黄门②百余，皆巾裹翠蛾，效街坊清乐、傀儡，缭绕于灯月之下。

既而取旨，宣唤市井舞队及市食盘架。先是，京尹预择华洁及善歌叫者③谨伺于外，至是歌呼竞入。既经进御，妃嫔内人而下，亦争买之，皆数倍得直，金珠磊落，有一夕而至富者。宫漏既深，始宣放烟火百余架，于是乐声四起，烛影纵横，而驾始还矣。大率效宣和盛际，愈加精妙，特无登楼赐宴之事，人间不能详知耳。

【注释】

① 内人：宫内的女艺人。

② 小黄门：即太监。

③ 预择华洁及善歌叫者：因皇帝会宣唤市井的舞队与小贩，故京兆尹预先选择衣着鲜亮、干净且善于唱喊叫卖的人侍候。

　　都城自旧岁冬孟^①驾回，则已有乘肩小女、鼓吹舞绾者数十队，以供贵邸豪家幕次之玩；而天街茶肆，渐已罗列灯球^②等求售，谓之灯市。自此以后，每夕皆然。三桥等处，客邸最盛，舞者往来最多。每夕楼灯初上，则箫鼓已纷然自献于下，酒边一笑，所费殊不多，往往至四鼓乃还。自此日盛一日。姜白石^③有诗云：

　　　　　灯已阑珊月色寒，舞儿往往夜深还。
　　　　　只应不尽婆娑意，更向街心弄影看。

又云：

　　　　　南陌东城尽舞儿，画金刺绣满罗衣。
　　　　　也知爱惜春游夜，舞落银蟾^④不肯归。

吴梦窗^⑤《玉楼春》^⑥云：

　　　　茸茸狸帽遮梅额。金蝉罗剪胡衫窄。乘肩争看小腰
　　　身，倦态强随闲鼓笛。　　问称家在城东陌。欲买千金
　　　应不惜。归来困顿殢春眠，犹梦婆娑斜趁拍。

深得其意态也。

　　至节后渐有大队，如四国朝、傀儡、杵歌之类，日趋于盛，其多至数十百队。天府每夕差官点视，各给钱酒油烛，多寡有差，且使之南至升旸宫^⑦支酒烛，北至春风楼支钱。终夕天街鼓吹不绝，都民士女，罗绮如云，盖无夕不然也。

【注释】

① 冬孟：即"四孟驾出"中的冬孟大祭。

② 灯球：指灯笼。

③ 姜白石：即姜夔。

④ 银蟾：指月亮。传说月亮中有蟾蜍，故称。

⑤ 吴梦窗：即吴文英（1200？—1260？），字君特，号梦窗，晚号觉翁，浙江宁波人。他本姓翁，后出继吴氏，终生未仕，流寓各地，以寓居苏杭为久。他在词史上有很高地位，其词虽有晦涩之病，但却有极高的艺术造诣，为南宋大家。

⑥ 玉楼春：词牌名，双调五十六字。此词名《玉楼春·京市舞女》。

⑦ 升旸宫：宋代官府所属的造酒之所，有东西南北中五处，其南库即升旸宫，而北库有酒楼名为春风楼。

至五夜①，则京尹乘小提轿，诸舞队次第簇拥，前后连亘十余里，锦绣填委，箫鼓振作，耳目不暇给。吏魁以大囊贮楮券②，凡遇小经纪人③，必犒数十，谓之"买市"。至有黠者，以小盘贮梨、藕数片，腾身迭出于稠人之中，支请官钱数次者，亦不禁也。李篔房④诗云：

> 斜阳尽处荡轻烟，辇路东风入管弦。
>
> 五夜好春随步暖，一年明月打头圆。
>
> 香尘掠粉翻罗带，蜜炬笼绡斗玉钿。
>
> 人影渐稀花露冷，踏歌声度晓云边。

京尹幕次，例占市西坊繁闹之地，蕡烛粃盆，照耀如昼，其前列荷校囚⑤数人，大书犯由云："某人，为不合抢扑钗环、挨搪妇女⑥。"继而行遣⑦一二，谓之"装灯"⑧，其实皆三狱罪囚，姑借此以警奸民。又分委府僚，巡警风烛，及命都辖房使臣等分任地方，以缉奸盗。三狱亦张灯，建净狱道场，多装狱户故事及陈列狱具。

【注释】

① 五夜：即元夕放灯的第五夜。据《宣和遗事》前集载，之前赏元宵

只有三夜,至宋朝开宝年间,有两浙钱王献了两夜浙灯,展了十七、十八两夜,称之为五夜元宵。

② 楮(chǔ)券:也称楮币,即当时发行的纸币,因其多用楮皮纸制成,故称。

③ 小经纪人:即小商小贩。

④ 李笕(yún)房:即李彭老,字商隐,号笕房,又号漫翁,浙江德清人。与其弟李莱老齐名,人称"龟溪二隐",善写词,与作者周密唱和极多。

⑤ 荷校囚:戴枷的犯人。

⑥ 抢扑钗环、挨搪妇女:即抢夺妇女的首饰、调戏妇女。

⑦ 行遣:发落。

⑧ 装灯:即灯节的装点。

  邸第好事者,如清河张府①、蒋御药家②,间设雅戏、烟火,花边水际,灯烛灿然,游人士女纵观,则迎门酌酒而去。又有幽坊静巷好事之家,多设五色琉璃泡灯,更自雅洁,靓妆笑语,望之如神仙。白石诗云:

    沙河云合无行处,惆怅来游路已迷。

    却入静坊灯火空,门门相似列蛾眉。

又云:

    游人归后天街静,坊陌人家未闭门。

    帘里垂灯照樽俎,坐中嬉笑觉春温。

或戏于小楼,以人为大影戏,儿童喧呼,终夕不绝。此类不可遽数也。

  西湖诸寺,惟三竺③张灯最盛,往往有宫禁所赐、贵珰所遗者,都人好奇,亦往观焉。白石诗云:

    珠络琉璃到地垂,凤头衔带玉交枝。

    君王不赏无人进,天竺堂深夜雨时。

元夕节物,妇人皆戴珠翠、闹蛾①、玉梅、雪柳、菩提叶、灯球、
销金合②、蝉貂袖、项帕,而衣多尚白,盖月下所宜也。游手浮浪辈
则以白纸为大蝉,谓之"夜蛾"③;又以枣肉炭屑为丸,系以铁丝燃
之,名"火杨梅"。节食所尚,则乳糖、圆子④、馉饳⑤、科斗粉⑥、豉
汤⑦、水晶脍⑧、韭饼及南北珍果,并皂儿膏、宜利少⑨、澄沙团子、
滴酥鲍螺⑩、酪面、玉消膏、琥珀饧、轻饧、生熟灌藕、诸色珑缠、蜜
煎、蜜裹糖、瓜蒌煎、七宝姜豉、十般糖之类,皆用镂锦装花盘架车
儿⑪,簇插飞蛾,红灯彩盏,歌叫喧阗。幕次⑫往往使之吟叫,倍酬
其直。白石亦有诗云:

> 贵客钩帘看御街,市中珍品一时来。

> 帘前花架无行路,不得金钱不肯回。

竞以金盘钿盒簇钉⑬馈遗,谓之"市食合儿"。翠帘绡幕,绛烛纱笼,
遍呈舞队,密拥歌姬,脆管清吭,新声交奏,戏具纷婴⑭,鬻歌售艺
者,纷然而集。至夜阑,则有持小灯照路拾遗者,谓之扫街,遗钿堕
珥⑮,往往得之,亦东都遗风也。

竹梗标之，命从卒插头上，昼日视之殊非佳物，至夜，稠人列火炬中，纸轻竹弱，纷纷若飞焉。"

④ 圆子：即没有馅的粉圆。

⑤ 馉饳（duī pāi）：一种饼类食品。

⑥ 科斗粉：科斗即蝌蚪。此以其形命名。

⑦ 豉（chǐ）汤：即盐豉汤。

⑧ 水晶脍：即肉冻。

⑨ 宜利少：此与下文的珑缠同为一种果子类食物。

⑩ 滴酥鲍螺：用酥油巧妙制成鲍螺形状的食物。滴酥，也称点酥，一种以酥油滴出各种形状食品的技巧。

⑪ 镂鍮（tōu）装花盘架车儿：镂刻有各种花纹并用黄铜镶嵌的售货车。鍮，黄铜。

⑫ 幕次：即前所云"京尹幕次"。

⑬ 簇钉：装满食品。

⑭ 纷婴：当为"纷撄"，即杂乱纠缠之意。

⑮ 珥（ěr）：用珠子或玉石做的耳环。

舞队

大小全棚傀儡①：

查查鬼查大、李大口一字口、贺丰年、长瓠敛长头、兔吉兔毛大伯、吃遂、大憨儿、粗旦、麻婆子、快活三郎②、黄金杏、瞎判官、快活三娘、沈承务、一脸膜、猫儿相公、洞公觜、细旦③、河东子、黑遂、王铁儿、交椅、夹棒、屏风、男女竹马、男女杵歌、大小斫刀鲍老④、交衮鲍老、子弟清音⑤、女童清音、诸国献宝、穿心国入贡、孙武子教女兵⑥、六国朝⑦、四国朝、遏云社⑧、绯绿社⑨、胡安女、凤阮秷琴、扑胡蝶、回阳丹、火药、瓦盆鼓⑩、焦锤架儿、乔三教、乔迎酒、乔亲事、乔乐神马明王、乔捉蛇、乔学堂⑪、乔宅眷⑫、乔像生⑬、乔师娘、独自乔、地仙、旱划船^⑭、教象^⑮、装态、村田乐、鼓板、踏蹀、扑旗、抱锣装鬼^⑯、狮豹蛮牌、十斋郎、耍和尚、刘衮、散钱行、货郎^⑰、打娇惜。其品甚夥，不可悉数，首饰衣装，相矜侈靡，珠翠锦绮，眩耀华丽，如傀儡、杵歌、竹马之类，多至十余队。

【注释】

① 大小全棚傀儡：即所有表演木偶戏的班子和个人。以下所举人名皆表演者的诨号，有的来自相貌，有的来自所表演的戏目，但大多已不可详考。

② 快活三郎：快活三是一种小曲，宋元方言亦以此称肥人，故此或为演唱艺人，或与"麻婆子、瞎判官"一样，指体肥的艺人。

③ 细旦：就是小旦。上文所说"粗旦"即与此相对。

④ 鲍老：当时流行的一种傀儡表演。

⑤ 清音：据本书卷三《社会》篇记载，有"清音社"，专门演奏"清乐"，此之"子弟清音"与下文的"女童清音"亦当如是。

⑥ 孙武子教女兵：当演战国时孙武为吴王教演宫女事。

⑦ 六国朝：一种曲调名，全曲十二句，全用对句。这里当指唱演此调的舞队。

⑧ 遏云社：宋元间唱赚艺人的行会组织，详见卷三《社会》篇。

⑨ 绯绿社：宋元间表演杂剧的行会组织，详见卷三《社会》篇。

⑩ 瓦盆鼓：当演庄子鼓盆而歌事。

⑪ 乔学堂：元代有《乔教学》一剧，演李逵的故事，当即此。乔，即乔装打扮的意思，古代戏曲中以"乔"为名的很多。

⑫ 乔宅眷：即下文所云"装宅眷"，属于滑稽戏。

⑬ 乔像生：像生本是"仿真"之义，后来艺人模仿小贩的叫卖声便叫像生。

⑭ 旱划船：即划旱船。

⑮ 教象：即驯象。

⑯ 抱锣装鬼:《东京梦华录》卷七记载:"有假面披发、口吐狼牙烟火如鬼神状者上场,著青帖金花短后之衣,帖金皂袴,跣足,携大铜锣,随身步舞而进退,谓之'抱锣'。"

⑰ 货郎:即模仿货郎叫卖表演。

十二、十三两日,国忌禁乐①,则有装宅眷,笼灯前引,珠翠盛饰,少年尾其后,诃殿而来,卒然遇之,不辨真伪。及为乔经纪人②,如卖蜂糖饼、小八块风子、卖字本、虔婆卖旗儿之类,以资一笑者尤多也。

【注释】

① 国忌禁乐:皇家的忌日,民间不许演戏作乐。

② 乔经纪人:即装小商小贩。

灯品

灯品至多,苏、福①为冠,新安②晚出,精妙绝伦。所谓无骨灯者,其法用绢囊贮粟为胎,因之烧缀,及成去粟,则混然玻璃球也,景物奇巧,前无其比。又为大屏,灌水转机,百物活动。赵忠惠③守吴日④,尝命制春雨堂五大间,左为汴京御楼,右为武林灯市,歌舞杂艺,纤悉曲尽,凡用千工。

【注释】

① 苏、福:指苏州、福建。

② 新安:安徽的休宁与歙县。

③ 赵忠惠:即赵与慈(chóu,?—1260),字德渊,号节斋,宋太祖十世孙,寓处浙江青田,嘉定十三年(1220)进士,历官户部侍郎、户部尚书、吏部尚书,景定元年致仕卒,谥忠惠,故此称赵忠惠。

④ 守吴日：指其于宝祐六年（1258）任建康知府的时候，建康即今南京，古属吴国，故称吴。

外此有鮀灯①，则刻镂金珀玳瑁以饰之；珠子灯，则以五色珠为网，下垂流苏，或为龙船、凤辇、楼台故事；羊皮灯，则镞镂精巧，五色妆染，如影戏②之法；罗帛灯之类尤多，或为百花，或细眼间以红白，号"万眼罗"者，此种最奇。

【注释】

① 鮀（zhěn）灯：用鱼脑骨做的灯。

② 影戏：即皮影戏。

外此有五色蜡纸、菩提叶、若沙戏影灯，马骑人物，旋转如飞。又有深闺巧娃，剪纸而成，尤为精妙。又有以绢灯剪写诗词，时寓讥笑，及画人物，藏头隐语①及旧京诨语②，戏弄行人。有贵邸尝出新意，以细竹丝为之，加以彩饰，疏明可爱。穆陵③喜之，令制百盏，期限既迫，势难卒成，而内苑诸珰，耻于不自己出，思所以胜之，遂以黄草布④剪镂，加之点染，与竹无异，凡两日，百盏已进御矣。

【注释】

① 藏头隐语：即将要表达的意思隐藏在所写的东西中。

② 旧京诨语：指北宋故都汴京的趣话。

③ 穆陵：指宋理宗赵昀，因其葬于永穆陵，故称为穆陵。

④ 黄草布：用黄草心织成的布。

挑菜

二月一日，谓之中和节①，唐人最重。今惟作假②，及进单罗御服,百官服单罗公裳而已。二日,宫中排办挑菜③御宴。先是,内苑预备朱绿花斛④,下以罗帛作小卷,书品目于上⑤,系以红丝,上植生菜、荠花诸品。俟宴酬乐作,自中殿⑥以次,各以金篦挑之,后妃、皇子、贵主⑦、婕妤⑧及都知⑨等,皆有赏无罚。以次每斛十号,五红字为赏,五黑字为罚:上赏则成号真珠、玉杯、金器、北珠、篦环、珠翠、领抹,次亦铤⑩银、酒器、冠镯、翠花、段帛、龙涎、御扇、笔墨、官窑⑪、定器⑫之类;罚则舞唱、吟诗、念佛、饮冷水、吃生姜之类,用此以资戏笑。王宫贵邸亦多效之。

【注释】

① 中和节:唐德宗贞元五年(789)下令农历二月初一为中和节,这一天,民间以百谷及瓜果种子相赠送,又酿宜春酒,祭掌握植物生长的勾芒神,祈求丰收。

② 今惟作假:指宋代此节已经蜕变,皇帝和百官只是换衣服做个样子。

③ 挑菜:唐代风俗,农历二月初二曲江拾菜,士民游观其间,称为挑菜节。至宋,此节日则演变为一种游戏。

④ 斛(hú):一种量器。

⑤ 书品目于上:即把菜的名目写在丝织品上。

⑥ 中殿:指皇后。

⑦ 贵主:即公主。

⑧ 婕妤(jié yú):后宫嫔妃的一种品级职称。

⑨ 都知:太监的最高品级。

⑩ 铤(dìng):金属未成形的坯料,也作金银的量词。

⑪ 官窑:宋代官府开办的烧瓷器的窑。

⑫ 定器:宋代著名的白瓷,以产于定州而得名。

进茶

　　仲春上旬,福建漕司进第一纲蜡茶①,名"北苑②试新",皆方寸小夸③,进御止百夸,护以黄罗软盏,藉以青箬④,裹以黄罗夹复⑤,臣封朱印,外用朱漆小匣镀金锁,又以细竹丝织笈⑥贮之,凡数重。此乃雀舌水芽⑦所造,一夸之直四十万,仅可供数瓯⑧之啜耳。或以一二赐外邸,则以生线分解,转遗好事⑨,以为奇玩。

【注释】

　　① 第一纲蜡茶:即第一批蜡茶,这是产自福建建瓯县的名茶,北宋时便已驰名。

　　② 北苑:即北苑茶,也即蜡茶,因五代时,南唐北苑使善制茶,其原料即取此,故名。

　　③ 夸:当为"銙"(kuǎ),本指腰带上方形为椭圆形的饰物,后亦用为茶的量词。

　　④ 藉以青箬(ruò):在小匣里垫上青色的竹叶。箬,一种叶子较大的竹子,也指这种竹子的叶子。

　　⑤ 夹复:"夹"与"复"均指里面的夹衣。

　　⑥ 笈(jí):小箱子。

　　⑦ 雀舌水芽:指极嫩的茶芽,因其状似雀舌而名。

　　⑧ 瓯(ōu):小瓦盆。

　　⑨ "或以"三句:得到赏赐的人便用细线把茶分割,并送给喜欢新奇东西的人。

　　茶之初进御也,翰林司例有品尝之费,皆漕司邸吏略之,间不

卷二

满欲①,则入盐少许,茗花②为之散漫,而味亦漓③矣。禁中大庆贺,则用大镀金氅④,以五色韵果簇饤龙凤⑤,谓之"绣茶",不过悦目,亦有专其工者,外人罕知,因附见于此。

【注释】

① 间不满欲:偶尔不满足他们的欲求。

② 茗花:茶面的浮沫。

③ 漓:淡薄的意思。

④ 氅(piè):一种盛茶酒的器具。

⑤ 簇饤龙凤:用五色食品摆成龙凤的样子。

赏花

禁中赏花非一。先期后苑及修内司分任排办,凡诸苑亭榭花木,妆点一新,锦帘绡幕,飞梭绣球,以至裀褥设放,器玩盆橐①,珍禽异物,各务奇丽。又命小珰、内司列肆关扑②珠翠冠朵、篦环绣段、画领花扇、官窑定器、孩儿戏具、闹竿③龙船等物,及有买卖果木酒食、饼饵蔬茹之类,莫不备具,悉效西湖景物。

起自梅堂赏梅,芳春堂赏杏花,桃源观桃,粲锦堂金林檎④,照妆亭海棠,兰亭修禊,至于锺美堂赏大花为极盛。堂前三面,皆以花石为台三层,各植名品⑤,标以象牌,覆以碧幕;台后分植玉绣球数百株,俨如镂玉屏;堂内左右各列三层雕花彩槛,护以彩色牡丹画衣,间列碾玉水晶金壶,及大食⑥玻璃、官窑等瓶,各簪奇品,如姚⑦、魏⑧、御衣黄、照殿红之类几千朵;别以银箔间贴大斛,分种数千百橐,分列四面;至于梁栋窗户间,亦以湘筒贮花,鳞次簇插,何啻万朵。

【注释】

① 窠（kē）：即"棵"字，指盆中所载珍贵植物。

② 列肆关扑：摆开阵势进行关扑的赌博游戏。关扑，即用赌博的方式来买卖物品的游戏。

③ 闹竿：一种用珠翠攒簇的工艺品。

④ 林檎（qín）：即沙果，也称花红、来禽，果实球形，像苹果而小，黄绿色带微红。

⑤ 名品：名贵的品种，下文所提及的牡丹花名皆是名品。

⑥ 大食：古人称阿拉伯为大食。

⑦ 姚：指姚黄，牡丹名品之一，传说出于五代洛阳的姚氏，又是黄色，故名。

⑧ 魏：指魏紫，牡丹名品之一，传说出于五代后周宰相魏仁浦家，兼为紫色，故名。

堂中设牡丹红锦地裀，自中殿、妃嫔以至内官，各赐翠叶牡丹、分枝铺翠牡丹、御书画扇、龙涎金盒之类有差。下至伶官乐部应奉等人，亦沾恩赐，谓之"随花赏"。或天颜悦怿，谢恩赐予，多至数次。至春暮，则稽古堂、会瀛堂赏琼花，静侣亭紫笑a，净香亭采兰挑笋，则春事已在绿阴芳草间矣。

大抵内宴赏，初坐、再坐、插食盘架者，谓之"排当"，否则但谓之"进酒"。

【注释】

① 紫笑：花名，即紫色的含笑花，此花有紫白二种。其花常开不满仿佛含笑一般，故名。

卷三

西湖游幸_{都人游赏}

淳熙间,寿皇以天下养,每奉德寿①、三殿②游幸湖山,御大龙舟,宰执从官,以至大珰、应奉、诸司及京府弹压等,各乘大舫,无虑数百。时承平日久,乐与民同,凡游观买卖,皆无所禁。画楫轻舫,旁午③如织。至于果蔬、羹酒、关扑、宜男④、戏具、闹竿、花篮、画扇、彩旗、糖鱼、粉饵、时花、泥婴等,谓之"湖中土宜"⑤。又有珠翠、冠梳、销金彩段、犀钿、髹漆⑥、织藤、窑器、玩具等物,无不罗列。如先贤堂、三贤堂、四圣观等处最盛。或有以轻桡趁逐求售者。歌妓舞鬟,严妆自炫,以待招呼者,谓之"水仙子"。至于吹弹、舞拍、杂剧、杂扮、撮弄、胜花⑦、泥丸、鼓板、投壶⑧、花弹、蹴踘⑨、分茶、弄水⑩、踏混木⑪、拨盆⑫、杂艺、散耍、讴唱、息器⑬、教水族飞禽、水傀儡、鬻水、道术、烟火⑭_{起轮、走线、流星、水爆}、风筝,不可指数,总谓之"赶趁人"。盖耳目不暇给焉。

【注释】

① 德寿:指宋高宗赵构,因其内禅后退居德寿宫,故称。

② 三殿:指孝宗与高宗皇后吴太后及当朝皇后谢皇后。

③ 旁午:纷繁交错的意思。

④ 宜男:萱草的别名,古人认为孕妇佩戴便可生男。

⑤ 土宜:即土特产,亦作"土仪"。

⑥ 髹(xiū)漆:即漆器。髹,赤黑色的漆,上漆。

⑦ 胜花:即圣花,一种魔术表演。

⑧ 投壶：一种极为古老的游戏，即在一定距离外向壶中投筹子，多中者为胜。

⑨ 蹴鞠（cù jū）：亦写为"蹴鞠"，本为古代军中习武之戏，唐代变之为"蹴毬"，类似于今天的足球。

⑩ 弄水：即在水上表演各种动作。

⑪ 踏混木：把圆木放在水里，表演者踏在圆木上，使之滚动。

⑫ 拨盆：一种杂技表演，表演者躺在地上，双脚顶盆，使之转动。

⑬ 息器：卷六《酒楼》篇写为"息气"，一种吹奏乐器。

⑭ 烟火：即烟花，下面四种为烟花的名目。

御舟四垂珠帘锦幕，悬挂七宝珠翠、龙船梭子、闹竿、花篮等物；宫姬韶部，俨如神仙；天香浓郁，花柳避妍。小舟时有宣唤赐予，如宋五嫂鱼羹，尝经御赏，人所共趋，遂成富媪。朱静佳六言诗云：

柳下白头钓叟，不知生长何年。

前度君王游幸，卖鱼收得金钱。

往往修旧京金明池故事①，以安太上之心，岂特事游观之美哉？

【注释】

① 旧京金明池故事：指北宋时，皇帝每年三月初一，驾幸汴京的金明池，观赏民间百戏表演的旧例。

湖上御园，南有聚景、真珠、南屏，北有集芳、延祥、玉壶，然亦多幸聚景焉。

一日，御舟经断桥，桥旁有小酒肆，颇雅洁，中饰素屏，书《风入松》一词于上，光尧驻目称赏久之。宣问何人所作，乃太学生俞国宝醉笔也，其词云：

一春长费买花钱。日日醉湖边。玉骢惯识西泠路，
骄嘶过、沽酒楼前。红杏香中歌舞，绿杨影里秋千。　　东

风十里丽人天。花压鬓云偏。画船载取春归去，余情在、
湖水湖烟。明日重携残酒，来寻陌上花钿。

上笑曰："此词甚好，但末句未免儒酸①。"因为改定，云："'明日重
扶残醉'，则迥不同矣。"即日命解褐②云。

西湖天下景，朝昏晴雨，四序总宜；杭人亦无时而不游，而春游
特盛焉。承平时，头船如大绿、间绿、十样锦、百花宝、胜明玉之类，
何翅百余；其次则不计其数，皆华丽雅靓，夸奇竞好。而都人凡缔
姻、赛社、会亲、送葬、经会、献神，仕宦恩赏之经营，禁省台府之嘱
托，贵珰要地，大贾豪民，买笑千金，呼卢①百万，以至痴儿騃子②，
密约幽期，无不在焉。日糜金钱，靡有纪极③，故杭谚有"销金锅儿"
之号，此语不为过也。

都城自过收灯①，贵游巨室，皆争先出郊，谓之"探春"，至禁
烟②为最盛。龙舟十余，彩旗叠鼓，交午曼衍，粲如织锦。内有曾
经宣唤者，则锦衣花帽，以自别于众。京尹为立赏格，竞渡争标，内
珰贵客，赏犒无算。都人士女，两堤骈集，几于无置足地；水面画

楫,栉比如鱼鳞,亦无行舟之路。歌欢箫鼓之声,振动远近,其盛可以想见。若游之次第,则先南而后北,至午则尽入西泠桥里湖,其外几无一舸矣。弁阳老人③有词云:"看画船尽入西泠,闲却半湖春色。"盖纪实也。既而小泊断桥,千舫骈集,歌管喧奏,粉黛罗列,最为繁盛。桥上少年郎,竞纵纸鸢以相勾引,相牵剪截,以线绝者为负,此虽小技,亦有专门。爆仗、起轮、走线之戏,多设于此。至花影暗而月华生,始渐散去。绛纱笼烛,车马争门,日以为常。张武子诗云:

> 帖帖平湖印晚天,踏歌游女锦相牵。
>
> 都城半掩人争路,犹有胡琴落后船。

最能状此景。

茂陵在御④,略无游幸之事。离宫别馆,不复增修。黄洪诗云:

> 龙舟大半没西湖,此是先皇节俭图。
>
> 三十六年安静里,棹歌一曲在康衢。

理宗时亦尝制一舟,悉用香楠木抢金⑤为之,亦极华侈,然终于不用。

【注释】

① 收灯:即元宵过后收灯。

② 禁烟:指清明前三日的寒食节。相传此俗源于纪念春秋时期晋国介子推(又称介之推)。唐代诗人卢象《寒食》诗道出了寒食节的来历,诗云:"子推言避世,山火遂焚身。四海同寒食,千秋为一人。"

③ 弁阳老人:即作者周密,引词之词牌名为《曲游春》。

④ 茂陵在御:宋宁宗赵扩在位之时,即公元1195—1224年。宁宗葬于永茂陵,故称。

⑤ 抢金:又作"戗金",是一种髹漆工艺。在器物上作阴文,然后以金嵌之。

至景定间，周汉国公主得旨，偕驸马都尉杨镇泛湖，一时文物亦盛，仿佛承平之旧，倾城纵观，都人为之罢市。然是时，先朝龙舫久已沉没，独有小舟号"小乌龙"者，以赐杨郡王之故尚在。其舟平底有舵，制度简朴。或传此舟每出，必有风雨。余尝屡乘，初无此异也。

放春

　　蒋苑使有小圃，不满二亩，而花木匼匝[①]，亭榭奇巧。春时悉以所有书画、玩器、冠花、器弄之物罗列满前，戏效关扑。有珠翠冠仅大如钱者，闹竿、花篮之类，悉皆镂丝金玉为之，极其精妙。且立标竿、射垛及秋千、梭门、斗鸡、蹴踘诸戏事，以娱游客。衣冠士女至者，招邀杯酒，往往过禁烟乃已。盖效禁苑，具体而微[②]者也。

【注释】

① 匼匝（kē zā）：周绕重叠的样子。

② 具体而微：内容大体具备而规模较小。

社会

　　二月八日，为桐川张王[①]生辰，霍山行宫[②]朝拜极盛，百戏竞集。如绯绿社杂剧、齐云社蹴毬、遏云社唱赚[③]、同文社要词、角抵[④]社相扑、清音社清乐、锦标社射弩、锦体社花绣[⑤]、英略社使棒、雄辩社小说[⑥]、翠锦社行院[⑦]、绘革社影戏、净发社梳剃、律华社吟叫[⑧]、云机社撮弄，而七宝[⑨]、蕂马[⑩]二会为最：玉山宝带，尺璧寸珠，璀璨夺目；而天骥[⑪]龙媒[⑫]，绒鞯宝辔，竞赏神骏。好奇者至剪毛为花草人物、厨行果局，穷极肴核之珍；有所谓意思作者[⑬]，悉以通草罗帛雕饰，为楼台故事之类，饰以珠翠，极其精致，一盘至直数万。然皆浮靡无用之物，不过资一玩耳。奇禽则红鹦白雀，水族则银蟹金龟，高丽⑭、华山之奇松，交广⑮、海峤⑯之异卉，不可缕数，莫非动心骇目之观也。若三月三日殿司真武会⑰、三月二十八日东岳⑱生辰，社会之盛，大率类此，不暇赘陈。

【注释】

① 张王：指汉代治水英雄张渤，他死后被奉为神，称为张王。

② 霍山行宫：指位于钱塘门外霍山上的广惠庙和长庆院，均供奉张王。

③ 唱赚：宋代的一种说唱形式，由缠令发展而成，其由若干曲子组为套数，前有引子，后有尾声，演出注重音乐性，之所以叫"赚"意思就是说叫人陶醉其中，不觉已到尾声。

④ 角抵：亦即"相扑"，古代一种技艺表演，类似今天的摔跤。

⑤ 花绣：即文身。

⑥ 小说：这里的"小说"是宋代说书的行当之一，参见卷六《诸色伎艺人》。

⑦ 行（háng）院：指妓院或江湖卖技的女伎。

⑧ 吟叫：模仿各种叫卖声调的口技。

⑨ 七宝：即七宝会，珠宝商人的行会组织。

⑩ 灂（shuàn）马：即马会，贩马商人的行会组织。灂，即洗的意思。

⑪ 天骥：天马。

⑫ 龙媒：指天马。

⑬ 意思作者：富有巧思的能工巧匠。

⑭ 高丽：古人称朝鲜为高丽。

⑮ 交广：中国南方的边远之处。交指交趾，即越南；广即广东、广西。

⑯ 海峤（qiáo）：亦指岭南深僻之地。峤，高山。

⑰ 殿司真武会：指殿前司主办的祭祀真武大帝的盛会。真武，即北

方玄武大帝。

⑱ 东岳：即东岳大帝，道教所尊奉的泰山之神。

祭扫

清明前三日为寒食节，都城人家，皆插柳满檐，虽小坊幽曲，亦青青可爱。大家则加枣馂①于柳上。然多取之湖堤，有诗云："莫把青青都折尽，明朝更有出城人。"

【注释】

① 枣馂(hú)：即枣饼。《东京梦华录》卷七载："清明节，寻常京师以冬至后一百五日为大寒食，前一日谓之'炊熟'，用面造枣馂飞燕，柳条串之，插于门楣，谓之'子推燕'。"

朝廷遣台臣中使、宫人车马，朝飨诸陵原庙①，荐献②用麦糕、稠饧③；而人家上冢者，多用枣馂、姜豉。南北两山之间，车马纷然，而野祭④者尤多：如大昭庆、九曲等处，妇人泪妆素衣，提携儿女，酒壶肴罍⑤，村店山家，分馂⑥游息；至暮，则花柳土宜，随车而归。

【注释】

① 朝飨诸陵原庙：祭祀皇家的各处陵庙。原庙，正庙以外别立一庙。

② 荐献：即献供之意。

③ 饧(táng)：软糖。

④ 野祭：不在坟前而在野外祭奠。

⑤ 罍(léi)：一种口小而肚大的罐子。

⑥ 分馂(jùn)：分吃剩余的食物。

若玉津、富景御园，包家山之桃，关东、青门之菜市，东西马塍

①，尼庵道院，寻芳讨胜，极意纵游，随处各有买卖赶趁等人。野果山花，别有幽趣。盖辇下骄民，无日不在春风鼓舞中，而游手末技为尤盛也。

【注释】

① 东西马塍（chéng）：即东马塍、西马塍，今浙江余杭，盛产花卉。

浴佛

四月八日为佛诞日①，诸寺院各有浴佛会。僧尼辈竞以小盆贮铜像，浸以糖水，覆以花棚，铙钹②交迎，遍往邸第富室，以小杓浇灌，以求施利。是日西湖作放生会③，舟楫甚盛，略如春时，小舟竞卖龟鱼螺蚌放生。

【注释】

① 佛诞日：相传四月初八为释迦牟尼的诞辰，故称为"佛诞日"，民间称为"浴佛节"。

② 铙钹（náo bó）：铜制的打击乐器。

③ 放生会：佛家以不杀生为善举，故于此日赎买小生物放生。

迎新

户部点检所十三酒库，例于四月初开煮①，九月初开清②。先至提领所呈样品尝，然后迎引至诸所隶官府而散。每库各用匹布，书库名高品③，以长竿悬之，谓之"布牌"。以木床铁擎为仙佛鬼神之类，驾空飞动，谓之"台阁"。杂剧百戏诸艺之外，又为《渔父习闲》《竹马出猎》《八仙故事》，及命妓家女，使裹头花巾为酒家保，及有花舁五熟盘架、放生笼养等，各库争为新好。库妓之玲玲者④，皆珠翠盛饰、销金红背,乘绣鞯宝勒骏骑,各有皂衣黄号私身⑤数对,诃导于前;罗扇衣笈、浮浪闲客,随逐于后;少年狎客,往往簇钉持杯,争劝马首,金钱彩段,沾及舆台⑥。都人习以为常,不为怪笑。所经之地,高楼邃阁,绣幕如云,累足骈肩,真所谓"万人海"也。

【注释】

① 开煮:指煮酒开坛。此煮酒即今天的黄酒。

② 开清:即清酒开坛。清酒即白酒。

③ 库名高品:造酒库的名字与所造最好的酒。

④ 琤琤者:出类拔萃者。

⑤ 私身:指临时雇用的百姓,与皂吏的"公身"相对。

⑥ 舆台:古代将人分为十等,舆与台分列第六与第十等,故以此代指地位低微的人。

端午

先期学士院供帖子①,如春日禁中排当,例用朔日②,谓之"端一"③,或传旧京亦然。插食盘架设天师④、艾虎⑤、意思山子⑥数十座,五色蒲⑦丝、百草霜⑧,以大合三层,饰以珠翠、葵、榴、艾花、蜈蚣、蛇、蝎、蜥蜴等,谓之"毒虫"。及作糖霜韵果、糖蜜巧粽,极其精巧。又以大金瓶数十,遍插葵、榴、栀子花,环绕殿阁。及分赐后妃、诸阁、大珰、近侍翠叶、五色葵榴、金丝翠扇、真珠百索、钗符、经筒、香囊、软香、龙涎、佩带及紫练、白葛、红蕉之类。大臣贵邸,均被细葛、香罗、蒲丝、艾朵、彩团、巧粽之赐,而外邸节物,大率效尤焉。巧粽之品不一,至结为楼台舫辂,又以青罗作赤口白舌帖子⑨,与艾人并悬门楣,以为禳褋⑩。

【注释】

① 帖子：即帖子词，宋代节日内宴，命翰林作词，贴在阁中门壁上，多为七言绝句。

② 朔日：农历每月初一称为"朔"。

③ 端一：传说屈原于五月初五投汨罗江而死，所以民间在这一天举行各种活动来纪念他。而宋代则定于五月初一。

④ 天师：指道教的张天师。

⑤ 艾虎：把艾草扎成虎的样子，或剪彩为虎，粘上艾叶，用来辟邪。

⑥ 意思山子：新奇的小山。

⑦ 蒲：古人习俗于端午节饮菖蒲酒，谓其可以益寿延年。

⑧ 百草霜：灶堂与烟囱里的烟灰。

⑨ 赤口白舌帖子：把诗写在白心红边的罗布上，用以辟邪，据说有"赤口白舌尽消除"的寓意。

⑩ 禳祓(ráng guì)：祈福除殃的祭祀。

道宫法院 a，多送佩带符箓，而市人门首，各设大盆，杂植艾、蒲、葵花，上挂五色纸钱，排钉果粽，虽贫者亦然。湖中是日，游舫亦盛，盖迤逦炎暑，晏游渐稀故也。俗以是日为马本命，凡御厩、邸第上乘 b，悉用五彩为鬃尾之饰，奇鞯宝辔，充满道途，亦可观玩也。

【注释】

① 道宫法院：道观与佛寺。

② 御厩、邸第上乘：皇家与贵族的好马。

禁中纳凉

禁中避暑，多御复古、选德等殿，及翠寒堂纳凉。长松修竹，浓翠蔽日，层峦奇岫，静窈萦深，寒瀑飞空，下注大池可十亩。池中红白菡萏^①万柄，盖园丁以瓦盎别种，分列水底，时易新者，庶几美观。又置茉莉、素馨、建兰、麝香藤、朱槿、玉桂、红蕉、阇婆^②、蘑葡^③等南花数百盆于广庭，鼓以风轮，清芬满殿。御笐^④两旁，各设金盆数十架，积雪如山；纱厨后先，皆悬挂伽兰木、真蜡^⑤龙涎等香珠百斛；蔗浆金碗、珍果玉壶，初不知人间有尘暑也。闻洪景卢学士^⑥尝赐对于翠寒堂，三伏中体粟战栗，不可久立。上问故，笑遣中贵人以北绫半臂赐之，则境界可想见矣。

【注释】

① 菡萏（hàn dàn）：荷花的别名。

② 阇（shé）婆：一种观赏性花卉，产自古代南海国阇婆，故称。

③ 蘑（zhān）葡：梵语，又译为旃簸迦、瞻博迦，即郁金香。

④ 笐（hàng）：原为一种农具，以木为架，以竹竿为档，把禾倒挂竹档上，以防止发霉。这里指皇帝的休闲用具。

⑤ 真蜡：即真腊，汉代称柬埔寨为扶南，唐代以后即称为真腊。

⑥ 洪景卢学士：即洪迈（1123—1202），字景卢，号容斋，江西鄱阳人。绍兴十五年进士，历官左司员外郎、起居舍人、翰林学士。他学识渊博，著作极丰，其《容斋随笔》是宋代学术笔记的代表作品，而其四百二十卷的《夷坚志》（现仅存半数）更是古代文言小说的名作。洪迈召对是在淳熙十二年（1185）。

都人避暑

六月六日，显应观崔府君^①诞辰，自东都时，庙食^②已盛。是日都人士女，骈集炷香，已而登舟泛湖，为避暑之游。时物则新荔枝、军庭李二果产闽、奉化项里之杨梅、聚景园之秀莲、新藕、蜜筒、甜瓜、椒核、枇杷、紫菱、碧芡、林禽、金桃、蜜渍昌元梅、木瓜、豆儿水、荔枝膏、金橘、水团、麻饮、芥辣、白醪、凉水、冰雪爽口之物。关扑香囊、画扇、涎花、珠佩,而茉莉为最盛。初出之时,其价甚穹③,妇人簇戴,多至七插,所直数十券,不过供一饷之娱耳。盖入夏则游船不复入里湖,多占蒲深柳密宽凉之地,披襟钓水,月上始还。或好事者,则敞大舫、设蕲簟④,高枕取凉,栉发快浴,惟取适意,或留宿湖心,竟夕而归。

【注释】

① 崔府君:高承《事物纪原》卷七载:"相传唐滏阳令没为神,主幽冥,本庙在磁州……至道二年晋国石氏祈有应,以事闻,诏赐名护国,景祐二年七月,封护国显应公。"

② 庙食:即立庙祭祀。

③ 穹(qióng):高。

④ 蕲簟(qí diàn):用蕲州所产的竹、苇所编的凉席。

乞巧

立秋日,都人戴楸叶,饮秋水、赤小豆①。七夕节物,多尚果食、茜鸡②。及泥孩儿号"摩睺罗"③,有极精巧饰以金珠者,其直不赀。并以蜡印凫雁、水禽之类,浮之水上。妇人女子,至夜对月穿针,饾饤杯盘④,饮酒为乐,谓之乞巧。及以小蜘蛛贮盒内,以候结网之疏密,为得巧之多少。小儿女多衣荷叶半臂,手持荷叶,效颦摩睺罗,大抵皆中原旧俗也。

【注释】

① 赤小豆:据《齐民要术》卷二载:"七月七日,男吞赤小豆七颗,女吞十四枚,竟年无病,令疫病不相染。"

② 茜(qiàn)鸡:即用茜草根做染料所做的卤鸡,也叫红鸡。据《梦粱录》记载,时人七夕有以红鸡、果食互相馈赠的习俗。

③ 摩睺(hóu)罗：宋元习俗，七夕供一土偶，名摩睺罗，也作摩睺罗、磨喝乐、魔合罗（此名来自佛教摩睺罗伽神）。《梦粱录》卷四记载其形制云："悉以土木雕塑，更以造彩装裀座，用碧纱罩笼之，下以桌面架之，用青绿销金桌衣围护，或以金玉珠翠装饰尤佳。"

④ 饾饤(dòu dìng)：指堆叠于盘中供陈设的蔬果，也做饤饾。

七夕前，修内司例进摩睺罗十卓①，每卓三十枚，大者至高三尺，或用象牙雕镂，或用龙涎佛手香制造，悉用镂金珠翠，衣帽、金钱、钗镯、佩环、真珠、头须及手中所执戏具，皆七宝为之，各护以五色镂金纱厨。制阃、贵臣及京府等处，至有铸金为贡者。宫姬市娃，冠花衣领，皆以乞巧时物为饰焉。

【注释】
① 卓：通"桌"。

中元

七月十五日，道家谓之"中元节"①，各有斋醮等会；僧寺则于此日作盂兰盆②斋；而人家亦以此日祀先，例用新米、新酱、冥衣、时果、彩段、面棋③，而茹素者几十八九，屠门为之罢市焉。

【注释】
① 中元节：道家认为有天、地、水三官掌人之罪福，天官赐福，地官赦罪，水官解厄，而三官各有生辰，即一月、七月与十月的十五日，即为三元。到唐代，三元发展为节日，上元节即元宵节，而七月十五即所谓中元节。

② 盂兰盆：盂兰，梵语，意为救倒悬；盆为食器。意思是说置百味五果于盂兰盆中，供养佛僧，以解脱饿鬼倒悬之苦。

③ 面棋：亦名"面棋子"，以面粉制作的棋子状食品。

中秋

禁中是夕，有赏月延桂排当，如倚桂阁、秋晖堂、碧岑，皆临时取旨。夜深，天乐 ① 直彻人间。御街如绒线、蜜煎、香铺，皆铺设货物，夸多竞好，谓之"歇眼" ②。灯烛华灿，竟夕乃止。此夕浙江放"一点红"羊皮小水灯数十万盏，浮满水面，烂如繁星，有足观者。或谓此乃江神所喜，非徒事观美也。

【注释】

① 天乐：宫廷之乐。

② 歇眼：使眼睛衰竭之意。歇，尽、竭。

观潮

浙江之潮，天下之伟观也。自既望 ① 以至十八日为最盛。方其远出海门，仅如银线，既而渐近，则玉城雪岭，际天而来，大声如雷霆，震撼激射，吞天沃日，势极雄豪。杨诚斋 ② 诗云"海涌银为郭，江横玉系腰"者是也。

【注释】

① 既望：阴历每月十六日称为既望。

② 杨诚斋：即杨万里，所引诗题为《浙江观潮》。

每岁，京尹出浙江亭教阅水军，艨艟 ① 数百，分列两岸，既而尽奔腾分合五阵之势，并有乘骑弄旗、标枪舞刀于水面者，如履平地。倏尔黄烟四起，人物略不相睹，水爆轰震，声如崩山；烟消波静，则一舸无迹,仅有敌船^②为火所焚,随波而逝。

吴儿善泅者数百,皆披发文身,手持十幅^①大彩旗,争先鼓勇,溯迎而上,出没于鲸波万仞中,腾身百变,而旗尾略不沾湿,以此夸能。而豪民贵宦,争赏银彩,

江干上下十余里间,珠翠罗绮溢目,车马塞途,饮食百物,皆倍穹常时,而僦赁看幕^①,虽席地不容间也。

禁中例观潮于天开图画^②,高台下瞰,如在指掌。都民遥瞻黄伞雉扇于九霄之上,真若箫台^③、蓬岛^④也。

重九

禁中例于八日作重九排当,于庆瑞殿分列万菊,灿然眩眼,且点菊灯,略如元夕。内人乐部,亦有随花赏,如前"赏花"例。盖赏灯之宴,权舆①于此,自是日盛矣。或于清燕殿、缀金亭赏橙橘,遇郊祀岁则罢宴。

【注释】

① 权舆:本义为草木初生的萌芽,引申为事物的起始。

都人是月饮新酒①、泛萸②、簪菊③,且各以菊糕为馈:以糖、肉、秫面④杂糅为之;上缕肉丝鸭饼,缀以榴颗,标以彩旗;又作蛮王狮子⑤于上,及糜栗为屑,合以蜂蜜,印花脱饼,以为果饵。又以苏子⑥微渍梅卤,杂和蔗霜、梨、橙、玉榴小颗,名曰"春兰秋菊"。雨后新凉,则已有炒银杏、梧桐子,吟叫于市矣。

【注释】

① 新酒:即指九月开清,参见上文《迎新》篇记载。

② 泛萸:古人认为茱萸可辟邪,名其为"辟邪翁",重阳时浮于酒面饮之。

③ 簪菊:据《梦粱录》记载,菊花亦名"延寿客",故重阳节或戴之为饰,或以酒服之。

④ 秫(shú)面:黏米做的面粉。

⑤ 蛮王狮子:宋人金盈之《新编醉翁谈录》卷四《九月》载云:"以泥为文殊菩萨骑狮子像,蛮人牵之,以置糕上。"

⑥ 苏子:即紫苏与白苏的种子。

开炉

是日，御前供进夹罗御服，臣僚服锦袄子夹公服，"授衣"①之意也。自此御炉日设火，至明年二月朔止。皇后殿开炉节排当。是月遣使朝陵，如寒食仪，都人亦出郊拜墓，用绵球楮衣②之类。

【注释】

① 授衣：《诗经·七月》有"九月授衣"，指九月当备制冬衣，故称授衣。

② 绵球楮衣：即在墓前烧绵球与纸衣，表示给死者"授衣"之意。

冬至

朝廷大朝会庆贺排当，并如元正仪。而都人最重一阳①，贺冬②车马，皆华整鲜好，五鼓已填拥杂迟于九街；妇人小儿，服饰华炫，往来如云；岳祠、城隍诸庙炷香者尤盛。三日之内，店肆皆罢市，垂帘饮博，谓之"做节"。享先③则以馄饨，有"冬馄饨、年馎饦④"之谚。贵家求奇，一器凡十余色，谓之"百味馄饨"。

【注释】

① 一阳：冬至后，夜晚开始渐短，而白天开始变长，古人认为在天地阴阳二气中，阳气又开始占上风，故称"冬至一阳生"。

② 贺冬：即庆贺冬至。

③ 享先：即祭祀祖先。

④ 馎饦（bó tuō）：也作"不托""馎饦"，一种面或米粉制成的食品。

赏雪

禁中赏雪多御明远楼_{禁中称楠木楼}。后苑进大小雪狮儿①，并以金铃彩缕为饰，且作雪花、雪灯、雪山之类，及滴酥为花及诸事件，并以金盆盛进，以供赏玩。并造杂煎品味，如春盘饾饤、羊羔儿酒②以赐。并于内藏库支拨官券数百万，以犒诸军，及令临安府分给贫民，或皇后殿别自支犒，而贵家富室，亦各以钱米犒闾里之贫者。

【注释】

① 雪狮儿：用雪塑的狮子。北宋诗人张耒曾戏作《雪狮》绝句云："六出装来百兽王，日头出后便郎当。争眉霍眼人谁怕，想你应无熟肺肠。"

② 羊羔儿酒：酒名，出自山西汾州，色白，有风味。《本草纲目》卷二十五记载，有宋宣和间化成殿的羊羔酒方。

岁除

禁中以腊月二十四日为小节夜，三十日为大节夜。呈女童驱傩①，装六丁、六甲、六神之类，大率如《梦华》②所载。

【注释】

① 女童驱傩（nuó）：据陈元靓《岁时广记》卷四十载，除夕时做面具，或为鬼神，或为小儿女的样子，驱傩者戴之驱鬼。傩，即腊月驱鬼的仪式。

② 《梦华》：即孟元老《东京梦华录》，其事在卷十。

后苑、修内司各进消夜果儿，以大合簇饤，凡百余种，如蜜煎珍果,下至花饧、萁豆①,以至玉杯宝器、珠翠花朵、犀象博戏之具,销金斗叶②、诸色戏弄之物,无不备具,皆极小巧。又于其上作玉辂,高至三四尺,悉以金玉等为饰,护以贴金龙凤罗罩,以奇侈求胜。一合之费,不啻中人十家之产,止以资天颜一笑耳。后妃、诸阁又各进岁轴儿及珠翠百事吉③、利市袋儿④、小样金银器皿,并随年金钱⑤一百二十文,旋亦分赐亲王贵邸、宰臣巨珰。至于爆杖,有为果子人物等类不一;而殿司所进屏风,外画钟馗⑥捕鬼之类,而内藏药线,一爇⑦,连百余不绝。箫鼓迎春,鸡人⑧警唱,而玉漏渐移,金门已启矣。

【注释】

① 萁豆:即萁子、面棋,把面切为豆丁,用油煎。

② 斗叶:一种纸牌游戏。

③ 百事吉:把柿饼贴在柏树枝上并插于橘中,称为"百事吉",取其谐音吉利。

④ 利市袋儿:利市指喜庆或节日的喜钱,此即指装喜钱的小袋子。

⑤ 年金钱:即压岁钱。

⑥ 钟馗:传说人物。宋沈括《梦溪笔谈》云唐明皇曾梦二鬼,一大一小。小者窃太真紫香囊及明皇玉笛,绕殿而奔;大者捉其小者,擘而啖之。上问何人,对曰:"臣钟馗,即武举不捷之士也。誓与陛下除天下之妖孽。"后世图其形以除邪驱祟。

⑦ 爇(ruò):烧。

⑧ 鸡人:古代报晓之官。

岁晚节物

腊日①,赐宰执亲王、三衙从官、内侍省官并外阃、前宰执等腊药,系和剂局造进,及御药院特旨制造银合,各一百两以至五十两、三十两各有差。伏日，赐暑药亦同。

【注释】

① 腊日：古代岁终祭祀百神之日，即腊月初八。

　　都下自十月以来，朝天门内外，竞售锦装新历、诸般大小门神、桃符钟馗、狻猊①虎头及金彩缕花、春帖幡胜之类，为市甚盛。八日，则寺院及人家用胡桃、松子、乳蕈②、柿、栗之类为粥，谓之"腊八粥"。医家亦多合药剂，侑③以虎头丹、八神屠苏④，贮以绛囊，馈遗大家，谓之"腊药"。至于馈岁盘合、酒檐羊腔，充斥道路。二十四日，谓之"交年"⑤。祀灶用花饧⑥、米饵及烧替代⑦，及作糖豆粥，谓之"口数"⑧。市井迎傩，以锣鼓遍至人家，乞求利市。

【注释】

① 狻猊（suān ní）：即狮子，传说门上挂画有狮子的木牌可以镇邪。

② 乳蕈（xùn）：即小蘑菇。

③ 侑（yòu）：佐，配。

④ 屠苏：酒名，也作"屠酥"，古人风俗于正月初一饮屠苏酒可防病。

⑤ 交年：古人认为腊月二十四日是新旧更易的日子，所以烧纸诵经以送故迎新，称作交年。

⑥ 花饧：一种花式麦芽糖，据说灶神上天会说人间坏话，故以此封其口。

⑦ 烧替代：即烧纸钱，来贿赂灶神。

⑧ 口数：即口数粥，据范成大《腊月村田乐府序》载："虽远出未归者亦留贮口分，至襁褓小儿及僮仆皆预，故名曰口数粥。"《梦粱录》记载为"人口粥"，并说"有猫狗者亦与焉"。

至除夕,则比屋①以五色纸钱、酒果,以迎送六神于门。至夜,赉烛粜盆,红映霄汉,爆竹鼓吹之声,喧阗彻夜,谓之"聒厅"②。小儿女终夕博戏不寐,谓之"守岁"③。又明灯床下,谓之"照虚耗"④。及贴天行帖儿⑤、财门⑥于楣。祀先之礼,则或昏或晓,各有不同。如饮屠苏、百事吉、胶牙饧⑦、烧术⑧、卖懵懂⑨等事,率多东都之遗风焉。

【注释】

① 比屋:每家。

② 聒厅:亦即"聒帐",众声齐作、通宵达旦的意思。

③ 守岁:旧俗于除夕夜通宵不寐、辞旧迎新,称为守岁。据《岁时广记》载,宋时俗语有"守冬爷长命,守岁娘长命"的说法。

④ 照虚耗:宋代的一种习俗,除夕夜于家中每处,乃至厨房、厕所、门口及床下都点灯,用来祛除鬼怪。虚耗是一种鬼的名字,据说它所到之处,人们便损失财物。

⑤ 天行帖儿:为驱邪乞安而作的帖子词。天行,宋代俗语称瘟疫为天行。

⑥ 财门:古代印制的年画,多画金银财宝,贴于门上,以寓发财之意,称为"财门"。

⑦ 胶牙饧:即麦芽糖。

⑧ 烧术(zhú):烧苍术以驱邪。术,指苍术,《梦粱录》卷六记载除夕前人们"以苍术、小枣、辟瘟丹相遗"。

⑨ 卖懵懂:宋时的民间风俗,即卖痴呆。据陈元靓《岁时广记》卷五载,在元旦五更时,突然叫别人,如果他答应,便说"卖给你懵懂"。

守岁之词虽多,极难其选,独杨守斋《一枝春》,最为近世所称,并书于此云:

竹爆惊春，竞喧阗、夜起千门箫鼓。流苏帐暖，翠鼎缓腾香雾。停杯未举。奈刚要、送年新句。应自赏、歌字清圆，未夸上林莺语。　　从他岁穷日暮。纵闲愁、怎减刘郎风度。屠苏办了，迤逦柳忺①梅妒。宫壶未晓，早骄马、绣车盈路。还又把、月夕花朝，自今细数。

【注释】

① 忺（xiān）：适意，高兴。

卷四

故都宫殿

门：

丽正南门、和宁北门、东华东门、西华西门、苑东、苑西、北宫、南宫、南水门、东水门、会通、上阁、宣德、隔门、斜门、关门、玉华阁、含和、贻谟二门系天章阁。

殿：

垂拱常朝四参[1]、文德六参[2]宣布[3]、大庆明堂朝贺、紫宸生寿、集英策士。以上谓之"正朝"，亦有随事更名者。

【注释】

① 常朝四参：指垂拱殿为高级官员常时朝见皇帝的地方。

② 六参：指武官五品以上及轮值的人每五日朝见皇帝一次，一月六次，故称"六参"。

③ 宣布：指宣布皇帝的圣旨。

后殿：

延和宿斋避殿、崇政即祥曦、福宁寝殿、复古高宗建、选德孝宗建。御屏有监司、郡守姓名、缉熙理宗建、熙明即修政。度宗[1]建、明华、清燕、膺福、庆瑞即顺庆。理宗改、射殿、需云大燕[2]、符宝贮恭膺天命之宝[3]、嘉明度宗以绛己堂改、明堂即文德，合祭[4]改、坤宁皇后、秾华皇后、慈明杨太后。累朝母后皆旋更名、慈元谢太后、仁明全太后、进食即勤政、钦先神御、孝思神御、清华。

① 度宗:即宋度宗赵禥(qí),公元 1265—1274 年在位。

② 大燕:即大宴。

③ 恭膺天命之宝:即皇帝受命即位所刻的宝玺。

④ 合祭:古以始祖之庙为祧,凡世次超过规定的祖先,皆不再单独祭祀,并迁入祧,称之为合祭。

堂:

翠寒_{高宗以日本罗木建,古松数十株}、澄碧_{观堂}、芳春、凌寒、钟美_{牡丹}、灿锦_{海棠}、燕喜、静华、清赏、稽古_{御书院}、清远、清彻、澄碧_{水堂}、蕊渊、环秀_{山堂}、文圃_{御书院}、书林_{御书院}、华馆、衍秀、披香、德勤、云锦_{荷堂}。李阳冰书扁^①、清霁、萼绿华_{梅堂}。李阳冰书额,度宗易名"琼姿"、碧琳、凝光、澄辉、绣香、呈芳、会景_{青花石柱,香楠袱额,玛瑙石砌}、正始_{后殿}。谢后改"寿宁殿"、怡然_{惠顺^②}位、信美_{婉容^③}位。

① 李阳冰书扁:李阳冰,唐代诗人李白的族叔,曾任当涂县令,李白往曾依附他并卒于其官舍,他为李白编辑了诗集。他是唐代有名的篆书大家,笔法妙绝天下。这里的"书扁"与下文的"书额"均为题字于匾额之意。

② 惠顺:即惠顺居住之处。

③ 婉容:宋代二十五嫔妃之一,二品。

斋:

损斋_{高宗建}、彝斋、谨习斋、燕申斋。

楼:

博雅_{书楼}、观德、万景、清暑、清美、明远、倚香。

阁：

龙图_{太祖、太宗}、天章_{真宗}①。并祀祖宗神御②、宝文_{仁宗}③、显谟_{神宗}、徽猷_{哲宗}、敷文_{徽宗}、焕章_{高宗}、华文_{孝宗}、宝谟_{光宗}④、宝章_{宁宗}、显文_{理宗}、云章_{度宗}、御书、清华、凌虚、清漏、倚桂、来凤、观音、芙蓉、万春_{太后殿}。

【注释】

① 真宗：北宋第三位皇帝赵恒，公元 998—1022 年在位。此节所书皇帝庙号皆指所供帝王肖像。

② 祖宗神御：并祭祀宋太祖赵匡胤的高祖赵朓、曾祖赵珽、祖父赵敬、父亲赵弘殷的遗像。

③ 仁宗：北宋第四位皇帝赵祯，公元 1023—1063 年在位。

④ 光宗：南宋第三位皇帝赵惇，公元 1190—1194 年在位。

台：

钦天_{奉天}、宴春、秋芳、天开图画、舒啸、跄台。

轩：

晚清。

阁①：

清华、睿思、怡真、容膝、受釐、绿绮。

【注释】

① 阁(gé)：大门旁的小门。

观：

云涛。

亭：

清凉、清趣、清颢、清晖、清迥、清隐、清寒、清激放水、清玩、清兴、静香、静华、春妍、春华、春阳、春信梅、融春、寻春、映春、余春、留春、皆春、寒碧、寒香、香琼、香玉梅、香界、碧岑、滟碧鱼池、琼英、琼秀、明秀、濯秀、衍秀、深秀假山、锦烟、锦浪桃花、绣锦、万锦、丽锦、丛锦、照妆海棠、浣绮、缀金橙橘、缀琼梨花、秾香、暗香、晚节香菊、岩香桂、云岫山亭、映波、含晖、达观、秀野、凌寒梅竹、涵虚、平津、真赏、芳远、垂纶近池、鱼乐池上、喷雪放水、流芳、芳屿山子、玉质、此君竹、聚芳、延芳、兰亭、激湍、崇峻、惠和、浮醴、泛羽并流杯亭、凌穹山顶、迎熏、会英、正己射亭、丹晖、凝光、雪径梅、参月、共乐、迎祥、莹妆、植杖村庄、可乐、文杏、壶中天、别是一家春度宗新创。或谓此非佳谶也，未几果验。

园：

小桃源观桃、杏坞、梅冈、瑶圃、村庄、桐木园。

庵：

寂然、怡真。

坡：

玛瑙、洗马。

桥：

万岁、清平、春波、玉虹。

泉：

穗泉。

御舟：

兰桡、荃桡、旱船。

教场：

南教场、北教场。

禁中及德寿宫皆有大龙池、万岁山，拟西湖冷泉、飞来峰，若亭榭之盛、御舟之华，则非外间可拟。春时竞渡及买卖诸色小舟，并如西湖，驾幸宣唤，锡赉^①巨万。大意不欲数跸^⑦劳民，故以此为奉亲之娱耳。

【注释】

① 赉(lài)：赐予。
② 跸(bì)：帝王出行时清道，禁止行人往来。

御园：

聚景园清波门外，孝宗致养^①之地，堂扁皆孝宗御书。淳熙中，屡经临幸；嘉泰^②间，宁宗奉成肃太后临幸。其后并皆荒芜不修。高疏寮诗曰："翠华不向苑中来，可是年年惜露台。水际春风寒漠漠，官梅却作野梅开。"**会芳殿、瀛春堂、揽远堂、芳华堂、花光亭**八角**、瑶津、翠光、桂景、滟碧、凉观、琼芳、彩霞、寒碧、柳浪桥、学士桥。玉津园**嘉会门外。绍兴间，北使燕射于此；淳熙中，孝宗两幸；绍熙中，光宗临幸，**富景园**新门外。孝宗奉太后临幸不一。俗呼"东花园"、**屏山园**钱湖门外。以对南屏山，故名。理宗朝改名"翠芳园"。余见西湖门、**玉壶园**钱塘门外。本刘鄜王园，有明秀堂。余见西湖门、**琼华园、小隐园、集芳园**葛岭。元系张婉仪园，后归太后。殿内有古梅老松甚多。理宗赐贾平章。旧有清胜堂、望江亭、雪香亭等。余见西湖门、**延祥园**西依孤山，为林和靖故居，花寒水洁，气象幽古。三朝临幸。余见西湖门、**瀛屿**在孤山之椒。旧名凉堂，四壁萧照画山水，理宗易今名。今为西太乙宫黄庭殿、**挹翠堂**旧名黑漆堂，理宗御书、**香远**旧秀莲亭、**香月**倚里湖，旧名水堂，理宗御书、清新旧六椽堂、白莲堂、六一泉堂、桧亭、梅亭、上船亭、东西车马门、西村水阁、御舟港、林逋墓、陈朝桧有御书诗、金沙井、玛瑙坡、六一泉③。

高疏寮诗云：

> 水明一色抱神州，雨压轻尘不敢浮。
> 山北山南人唤酒，春前春后客凭楼。
> 射熊馆暗花扶宸，下鹄池深柳拂舟。
> 白发邦人能道旧，君王曾奉上皇游。

【注释】

① 致养：奉养双亲。

② 嘉泰：宋宁宗年号，公元 1201—1204 年在位。

③ 六一泉：六一是欧阳修的号，苏轼为了怀念他，在元祐四年任杭州太守时，命名此泉为六一泉，并在泉池上筑亭一座。

德寿宫孝宗奉亲之所：

聚远楼高宗雅爱湖山之胜，恐数跸烦民，乃于宫内凿大池，引水注之，以象西湖冷泉；迭石为山，作飞来峰。因取坡①诗"赖有高楼能聚远，一时收拾与闲人"名之。周益公进端午帖子云："聚远楼高面面风，冷泉亭下水溶溶。人间炎热何由到，真是瑶台第一重。"孝宗御制《冷泉堂诗》以进，高宗和韵，真盛事也、**香远堂**荷、**清深堂**竹、**松菊三径**菊、芙蓉、竹、**梅坡**、**月榭**、**清妍**荼藤、**清新**桂、**芙蓉冈**。已上并东地分②、**射厅**、**载忻堂**御宴之所、**临赋**荷池、**縩锦**金林檎、**至乐**池上、**清旷**桂、**半绽红**郁李、**泻碧**金鱼池。已上并南地分。**冷泉堂**古梅、**文杏馆**、**静乐**牡丹、**浣溪**海棠。已上并西地分、**绛华**罗木堂、**旱船**、**俯翠**茅亭。已上并北地分、**重华宫**孝宗内禅所居，即德寿宫、**慈福宫**宪圣③书，成二太后④所居，即重华宫、**寿慈宫**即慈福宫。改重寿殿。

【注释】

① 坡：指苏轼。

② 已上并东地分：以上所举均为德寿宫东部的景观。下同。

③ 宪圣：宋高宗吴皇后(1115—1197)，卒谥宪圣慈烈，故称。

④ 成二太后：指宋孝宗夏皇后及谢皇后，因其死后分别谥为"成恭太后"与"成肃太后"，故称。

东宫：

资善堂、凤山楼、荣观堂、玉渊堂、清赏堂、新益堂、绎己堂、射圃。

乾淳教坊乐部

杂剧色

德寿宫：

刘景长_{使臣}①、王喜_{保义郎头}②，名都管使臣，又名公谨，号玩隐老人、茆山重_{茅芽头}、盖门贵、盖门庆_末③、侯谅_{侯大头，次末}④、张顺、曹辛、宋兴_{燕子头}、李泉现_{引兼舞三台}⑤。

衙前：

龚士美_{使臣都管}、刘恩深_{都管}、陈嘉祥_{节级}⑥、吴兴祐_{德寿宫引兼舞三台}、吴斌、金彦升_{管干教头}、王青、孙子贵_引、潘浪贤_{引兼末部头}⑦、王赐恩_引、胡庆全_{蜡烛头}⑧、周泰_次⑨、郭名显_引、宋定_{次德寿宫蚌蛤头}、刘信_副⑩_{部头}、成贵_副、陈烟息_{副大口}、王侯喜_副、孙子昌_{副末节级}、焦金色、杨名高_末、宋昌荣_{副，欢喜头}⑪。

前教坊：

伊朝新、王道昌。

前钩容直⑫：

忤谷丰_{五味粥}⑬、李外喜。

和顾⑭：

刘庆_{次刘衮}⑮、梁师孟、朱和_{次贴}⑯_{衙前}⑰_{鳝鱼头}、宁贵_{宁镢}、蒋宁_次

贴衙前利市头、司进丝瓜儿、郝成次贴衙前小锹、高门兴、高门显羔儿头、高明灯搭儿、刘贵、段世昌段子贵、司政仙鹤儿、张舜朝、赵民欢、龚安节、严父训、宋朝清、宋昌荣二名守衙前、周旺丈八头、下畴、宋吉、伊俊、汪泰、王原全次贴衙前、王景、郑乔、王来宣、张显守阙祇应黑俏、焦喜焦梅头。

【注释】

① 使臣：与下之"都管使臣"当同为教坊的负责人员，朝庭的命官。

② 保义郎头：保义郎本是官名，而此处称"保义郎头"，是借用官名来表示在戏班中的地位。而后所加"头"字，乃教坊为某方面有专长者起绰号之惯例，如后面出现的"茅芽头""燕子头""蚌蛤头"等均如此。

③ 末：宋杂剧角色名，扮演剧中主要男性人物。

④ 次末：宋杂剧角色名，为末之一种，饰演之外的次要男角。

⑤ 引兼舞三台：引，即引戏，《梦粱录》说"引戏色分付"，即引戏主管安排演出的意思。古代文舞的一种。

⑥ 节级：本为唐宋时军中的低级武官，古代俳优戏常有扮演节级的演员，遂成为戏曲角色名。

⑦ 部头：每种具体伎艺门类的首领。

⑧ 蜡烛头：本书卷六《诸色伎艺人》篇有"顾和（蜡烛）"一条，则蜡烛为一种表演形式，当即"蜡渣"，因为是惨白色或黄色，正为饥病之人的脸色，故此指扮演饥病人的角色。这里"头"指戏头。

⑨ 次：即次末的简称。

⑩ 副：即"副末"，古代戏曲角色名。插科打诨，制造笑料的角色。

⑪ 欢喜头：卷十《官本杂剧段数》篇之"舞绾百戏"中有"欢喜头"一目，知此为一种百戏名目，此人为"欢喜头"中的副末。

⑫ 前钩容直：钩容是军乐的意思。钩容直，是宋代专门设置的军乐机构，原名"引龙直"，后改"钩容直"，每有巡省游幸，就以之导驾奏乐。

此处指以前隶属于钧容直，而现在则隶于教坊的乐工。

⑬ 五味粥：从乐人名字而来的绰号。下文中的司进（丝瓜儿）、高门显（羔儿头）、高明（灯檐搭儿）、段世昌（段子贵）等，均以谐音或意义相关为绰号。

⑭ 和顾：下文之鼓板有"衙前一火，和顾二火"之语，此篇"和顾"亦多与"衙前"相并行，知此当即"和鼓"。

⑮ 次刘裒：刘裒，是一种散耍的名称。次，即次净，次要的净角。净，本写为"靓"，指粉墨登场以扮小丑的角色。

⑯ 贴：即贴净，比次净更为次要的净角。

⑰ 衙前：即衙前乐。

歌板色
德寿宫：

李行高_{笛兼}。

衙前：

王信_{拍兼}。

拍板色_{衙前笛色，王均；觱篥色，郑彦；周贤良，兼拍板。}
德寿宫：

刘益_{使臣}、谢春泽。

衙前：

吴兴祖_{节级}、赵永_{部头}、花成、时世俊_{守阙节级}。

前钧容直：

崔喜。

琵琶色_{衙前豪师古兼琵琶。}
德寿宫：

胡永年_{武功大夫}、谢圣泽。

衙前：

焦进_{部头}、赵昌祖、段从善。

和顾：

吴良辅、豪士英、曹彦国。

箫色

衙前：

曾延庆_{部头}、刘珣、周济_{部头}。

和顾：

朱世良_{兼筝}、王谨、刘宗旺、周亨、陈钥。

嵇琴色

德寿宫：

曹友闻_{承节郎守阙都管}。

衙前：

杨春和_{人员守阙都管}、魏国忠_{节级兼舞}、孙良佐、石俊、冯师贤。

和顾：

刘运成、赵进_{杖鼓兼}、惠和、冯师贤、王处仁。

筝色

德寿宫：

朱邦直_{忠训郎}。

衙前：

张行福_{部头}、豪士良、高俊。

前教坊：

聂庭俊。

前钧容直：

李吉。

笙色

德寿宫：

汤士成、孙显祖。

衙前：

宋世宁_{节级}、豪师古_{兼琵琶}、傅诏_{管干人}、邓孝仁、赵福_{兼德寿宫}。

前钧容直：

吴胜。

前教坊：

刘永显。

和顾：

张世荣、康彦和、王兴祖。

觱篥色

德寿宫：

田正德_{教坊大使}、鞠思忠、孙庆祖、刘舜俞、陈永良。

衙前：

李祥_{守阙节级}、仇彦_{节级}、王恩_{节级}、李和_{部头}、时世荣_{部头}、王正德、王道和、慢守恭、李遇、金宗信_{兼德寿宫}、郑彦_{兼拍板}、张匀、刘道、朱贵_{管干人}、曹彦兴、吴良佐、孟诚、陈祐、丘彦_{管干人}、邓孝元、王永、周贤良_{兼拍板}、陈师授_{兼德寿宫}、陈永良_{兼德寿宫}。

前教坊：

戚兴道、李彦美、郭席珍。

前钧容直：

王宣、唐政。

和顾：

于庆_{兼舞}、冯宣、王椿、倪润、李祥_{守阙节级}、陈继祖、季伦、张彦明、陈良畴、冯异、商翼、时世显、王文信、王延庆、谢润、张荣_{第三名守阙衙前}、时显祖、费仍裕、任再兴、李乐正、蔡邦彦、郑彬、时允恭、金润、王寿、王思齐、于成、孙良辅、崔显、卢茂春、王师忠、宋康宁、张端、顾宣、王仲礼、郭达宗、刘顺守阙衙前。

笛色

德寿宫：

元守正忠翊郎、孙福使臣、孙继祖、张行谨。

衙前都管：

孙福使臣、朱榛人员守阙都管、张守忠节级、杨胜节级、王喜节级、张师孟部头、岳兴部头、李智友、段从礼、朱顺、陈俊、雷兴祖、王仕宁、时宝部头兼德寿宫、孙进、郭彦、杨选兼德寿宫、金仪、赵俊守阙节级、赵顺、杨元庆、时定、赵兴祖、阴显祖、丘遇、徐识、孙显、王筠兼德寿宫拍板、张荣、郭亨、元舜道。

前教坊：

金宗训、俞德、谢祖良、曾延广、李进。

前钧容直：

王喜、俞德、冀恩。

和顾：

张亿、茆庆、张师颜、刘国臣、赵昌、张广、元舜臣、沈琮杖鼓、胡良臣、王师仲、徐亨、张义、林显、郑青、陈士恭、巫彦、朱世荣、朱绍祖、翟义、张孝恭、汪定、费兴、李升、冯士恭、陈宝、杨善、尹师授、张介、贺宣、朱荣、朱元守阙衙前、轩定鼓板、张成鼓板、阎兴鼓板、王和鼓板、陈焕、张世亨、许珍、张渊、孙显宗、崔成守阙衙前。

方响色

德寿宫：

齐宣、田世荣。

衙前：

葛元德部头、于喜、齐宗亮管干人。

前钧容直：

高福

和顾：

马重荣、尹朝、于通、刘才高。

杖鼓色

德寿宫：

张名高、孟清。

衙前：

高宣_{节级}、时思俊_{守阙节级部头兼板}、程盛、齐喜、孟文叔_{守阙节级}、时和、邓友端、徐宗旺、吴兴福_{兼德寿宫}、邓世荣、张兴禄_{管干人}、叶喜_{兼德寿宫}。

前教坊：

鞠端。

前钧容直：

阎兴、邢智。

和顾：

张士成、张润、张义、张世昌、张世显、孙荣、段锦新、蔡显忠、齐宗景、郭兴祖、时康宁、高润、张皋、傅良佐、李晋臣、思芸、范琦、段锦。

大鼓色

德寿宫：

张佑、李吉。

衙前：

董福_{部头}、李进、周均_{小唱}①、张佑_{兼德寿宫}。

和顾：

赵庆_{鼓儿}、刘成、孙成_{鼓儿习学大鼓}、王富_{勾般习学大鼓}、尹师聪_{鼓儿}、张守道_{唱道情}②、张升_{鼓儿}、宋棠_{掌仪下书写文字}、喻祥_{小唱}、钱永_{守阙衙前}。

【注释】

① 小唱:宋代的唱曲伎艺。《扬州画舫录》解释小唱说:"小唱以琵琶、弦子、月琴、檀板合动而歌。"

② 道情:曲艺的一种,原为唐代道教所唱的经韵、道歌,宋代成为一种说唱形式,以渔鼓或简板击节,有说有唱。

舞旋① 嵇琴,魏国忠;琵琶,豪士英并兼舞三台。

德寿宫:

刘良佐武德郎。

衙前:

杜士康。

和顾:

于庆。

【注释】

① 舞旋:大曲或曲破在整体演唱中可配合有舞蹈表演,其舞头或舞尾的表演及主要表演者均可称为舞旋,或称舞旋色。

杂剧三甲①

刘景长一甲八人:

戏头②李泉现,引戏吴兴祐,次净茆山重、侯谅、周泰,副末王喜,装旦孙子贵。

盖门庆进香一甲五人:

戏头孙子贵,引戏吴兴祐、次净侯谅、副末王喜。

内中祗应一甲五人:

戏头孙子贵、引戏潘浪贤、次净刘衮、副末刘信。

潘浪贤一甲五人：

戏头孙子贵、引戏郭名显、次净周泰、副末成贵。

【注释】

① 甲：戏剧演出的角色名单组织。此谓三甲，除刘景长一甲与潘浪贤一甲外，盖门庆一甲当分为"进香"与"内中祗应"两班，故称三甲。

② 戏头：宋杂剧的组成人员，负责杂剧的开场。

筑球[①] 三十二人

左军一十六人：

球头张俊、蹴球王怜、正挟朱选、副挟施泽、左竿网丁诠、右竿网张林、散立胡椿等[②]。

右军一十六人：

球头李正、蹴球朱珍、正挟朱选、副挟张宁、左竿网徐宾、右竿网王用、散立陈俊等。

杂班：

双头侯谅，散耍刘衮、刘信。

小乐器：

嵇琴曹友闻、箫管孙福、榛[③]刘运成、拍侯谅。

【注释】

① 筑球：即蹴鞠。

② 球头：筑球者分工之名。下同。

③ 榛（qín）：古代乐器名，形制如筝，有七弦。

鼓板

衙前一火：

鼓儿尹师聪，拍张顺，笛杨胜、张师孟。

和顾二火：

笛张成老僧、阎俊望伯、张喜、鼓儿张升、笛王和小四、鼓儿孙成换僧、拍张荣狗儿。

马后乐

拍板：吴兴祖。

觱篥：田正德、孙庆祖、陈师授。

笛：孙福、时宝、元守正。

提鼓：孙子贵、札子、孟清、时世俊、高宣、吴兴福、张兴禄。

内中上教博士

王喜、刘景长、曹友闻、朱邦直、孙福、胡永年各支月银一十两。

杂剧：王喜、侯谅、吴兴福、吴兴祐、刘景长、张顺。

拍板：田正德、谢春泽。

琵琶：胡永年。

舞：刘良佐。

嵇琴：曹友闻、杨春和。

筝：朱邦直。

方响：齐宣。

笙：汤士成。

秦：刘运成。

觱篥：孙庆祖。

笛：孙福、时宝。

掌仪范等合干人

掌仪范：

朱邦直、曹友闻、元守正、孙福、朱榛守阙。

衙前都管：

刘恩深、孙福、王公谨守阙。

管干教头：

朱贵、张兴禄、丘彦、傅绍、齐宗亮。

逐色部头：

刘信、赵永、焦进、周济、杨春和、宋世宁、李和、时世荣、时宝、岳兴、葛元德、高宣、董福、时世俊、杜士康、潘浪贤。

卷五

湖山胜概

南山路自丰乐楼南,至暗门钱湖门外,入赤山烟霞石屋止。南高峰、方家峪、大小麦岭并附于此。

丰乐楼旧为"众乐亭",又改"耸翠楼",政和中改今名。淳祐间,赵京尹与𥂕重建,宏丽为湖山冠。又甃[1]月池,立秋千、梭门,植花木、构数亭,春时游人繁盛,旧为酒肆,后以学馆致争,但为朝绅同年、会拜乡会之地。林晖[2]、施岳皆有赋,赵忠定《柳梢青》云:"水月光中,烟霞影里,涌出楼台。空外笙箫,云间笑语,人在蓬莱。天香暗逐风回。正十里、荷花盛开。买个小舟,山南游遍,山北归来。"吴梦窗尝大书所赋《莺啼序》[3]于壁,一时为人传诵。

【注释】

① 甃(zhòu):井。

② 林晖:字明之,浙江台州人,寓居福建长溪,嘉熙二年(1238)特奏名及第,开庆元年(1259)任江宁县宣教郎。

③《莺啼序》:吴文英所创的词调,共四片二百四十字。

湖堂旧在耸翠楼侧,又有集贤亭,今并不存,**吕洞宾祠**旧传洞宾尝至此。

灵芝崇福寺钱王[1]故苑,以芝生其间,舍以为寺,故名灵芝。高宗、孝宗凡四临幸。有浮碧轩、依光堂,亦为新进士会拜、题名之所。朱静佳诗云:"黄金匣地小桥通,四面清平纳远空。云气常扶天子座,日光浮动梵王宫。残碑几字莓苔雨,清磬一声杨柳风。沙鸟不知行乐事,背人飞过夕阳东。"

显应观祀磁州神崔府君,六月六日生日,其朝游人甚盛。咸淳间改昭应,今归灵芝寺。旧有萧照山水及苏汉臣[2]画壁,今不复存矣。

杨郡王府上船亭、聚景园详见御园门、灵应堂俗呼包道堂、宝莲院、紫霄宫廨院、宝成院旧名释迦、兴福院、永隆院、慧光尼庵张循王府、省马院船步内有正觉、超化二院、长桥、妙净院、宝德寺杨和王重建,充三衙建圣节道场、希夷道堂刘衮衣建于南屏园左,今移于此、真珠园有真珠泉、高寒堂、杏堂、水心亭、御港,曾经临幸,今归张循王府。

南园中兴③后所创,光宗朝,赐平原郡王韩侂胄,陆放翁为记。后复归御前,改名"庆乐"。赐嗣荣王与芮,又改"胜景"。有许闲堂、和容射厅、寒碧台、藏春门、凌风阁、西湖洞天、归耕庄、清芬堂、岁寒堂、夹芳、豁望、矜春、鲜霞、忘机、照香、堆锦、远尘、幽翠、红香、多稼、晚节香等亭,秀石为山,内作十样锦亭,并射圃、流杯等处。弁阳翁诗云:"清芬堂下千株桂,犹是韩家旧赐园。白发老翁和泪说,百年中见两平原。"又云:"旧事凄凉尚可寻,断碑空卧草深深。凌风阁下槎牙树,当日人疑是水沉。"

雷峰显严院郡人雷氏所居,故名"雷峰"。钱王妃建寺筑塔,名"皇妃塔"。或云地产黄皮,遂讹为"黄皮塔"。山顶有通玄亭、望湖楼。

【注释】

① 钱王:指吴越国王钱氏。其自唐末以来,割据吴越为王,传至钱俶,后以国献宋。

② 苏汉臣:宋代著名画家,为当时宫廷画院的画师。

③ 中兴:指宋高宗再建南宋。

普宁寺又名"白莲",有铁塔一,石塔二、云涛观、净相院旧名"瑞相",有无尽意阁、娱客轩、一段奇轩,幽深可喜。今皆不存、上清宫葛仙炼丹旧址,道士胡莹微祖筑庵,郑丞相清之曾此读书。淳祐中重建,赐今额,理宗御书"清净道场"、甘园内侍甘昇园,又名"湖曲",曾经临幸。至今有御爱松、望湖亭、小蓬莱、西湖一曲,后归赵观文,又归谢节使。弁阳翁诗云:"小小蓬莱在水中,乾淳旧赏有遗踪。园林几换东风主,留得庭前御爱松。"
御船坊理宗御舟在焉。

净慈报恩光孝禅寺孝宗尝临幸。山曰南屏,有慧日峰,旧名"慧日永明"。太宗赐"寿宁院"额,孝宗御书"慧日阁"。有千佛阁、五百罗汉堂。理宗御书"华严法界""正偏知阁"等额。梁贞明①大铁锅存焉。画壁作五十三参②等。寺后庵宇甚幽，大抵规模与灵隐相若，故二寺号南北山之最。东坡诗云："卧闻禅老人南山，净扫清风五百间。"其宏壮自昔已然，今益侈大矣。

【注释】

① 梁贞明：五代后梁贞明年间，即公元915—921年。

② 五十三参：佛教著名传说，云善财童子受文殊菩萨指点，一路南行，共参谒了五十三位禅师，终得正果。

山南照庆院、惠照寺后为斋宫今归净慈、南屏御园正对南屏山，又名翠芳、南屏兴教寺旧名"善庆"，有齐云亭、清旷楼、米元章书"琴台"及唐人磨崖①八分②家人卦③、《中庸》《乐记》④篇，后人于石傍刊"右司马温公书"六字，其实非公书也、广法院齐王功德院，有清旷亭、法因院景献太子殡所，有古铁塔、钱王井、宝林院庄文太子殡所，旧名总持，有可赋轩、赤山殡宫旧为瑞龙寺，后为安穆、成恭、慈懿、恭淑⑤四后殡所，今为炽盛光寺、修吉寺旧瑞龙寺移于此，有西湖奇艳、正济寺又名普门、法雨寺旧名水心，又改云龙，有赵清献、杨无为题名等、安福尼寺、极乐尼寺。

【注释】

① 磨崖：即摩崖，在山崖石壁上所刻铭功记事的文字。

② 八分：即八分书，书体之一。

③ 家人卦：《易经》中《家人》篇的卦辞。

④ 《中庸》《乐记》：均为《礼记》中的篇章。《中庸》相传为孔子之孙子思所作，宋代朱熹将此择出，与《论语》《孟子》及《大学》合称"四书"。《乐记》专论音乐。

⑤ 安穆、成恭、慈懿、恭淑：即孝宗郭皇后（卒后追封）、夏皇后及光宗李皇后、宁宗韩皇后的谥号。

高丽寺旧名"惠因寺"，湖山间惟此寺无勅额。元丰间，高丽王子僧统义天入贡，学贤首教于此，因施金建华严阁，有易庵、期忏堂。皇姑成国公主殡所。

惠因桥秦少游《龙井纪游》所谓"濯足于惠因洞"，即此是焉。

玉岑山、**广果寺**、**开化尼寺**、**六通慈德院**旧名惠德塔、**法兴院**、**保福院**、**长耳相院**旧名法相、**定光庵**有定光泉、**永庆院**、**延长真如院**、**延寿山**、**净梵院**旧名瑞峰、**崇教院**。

石屋洞大仁院，有石庵、天成石罗汉，其洞后，又一石洞，名蝙蝠洞。

水乐洞院名"西关净化"，即满觉院山。孝宗时赐李隶，慈明殿赐杨郡王，后归贾平章。山石奇秀，中一洞嵌空有声，以此得名。有声在堂、界堂、爱此留照、独喜玉渊、漱石宜晚、上下四方之宇诸亭及金莲池。

满觉院旧名圆兴，今在水乐洞岭傍、石佛接待庵。

烟霞洞清修院，有象鼻石、佛手岩、石罗汉、东坡留题等。

归云庵宁宗时，水庵清禅师坐禅石窟中，闻南峰钟鸣，遂大悟。今改永兴庵。

关真人道院、**小龙井**井侧有龙王祠。

南高峰塔荣国寺。有白龙王祠及五显祠。险峻甚于北峰，中有坠石。相传云，昔有道者镇魔于此。又有颍川泉。

方家峪自方家峪至冷水峪、慈云岭泥路，嘉会门外至大慈山、龙山。

遇真道院、**悟真道院**、**崇真道院**、**广教院**号小南屏。

褒亲崇寿寺在凤凰山。刘贵妃功德，有凤凰泉、瑞应泉、松云亭、观音洞、笔架池、偃松、交枝桧。三门有陈公储画龙，甚奇。弁阳翁诗云："鹤羽鸾销事已空，奉华遗寺对高松。宫斜凤去无人见，且看门前粉壁龙。"奉华，刘妃阁名。

西莲瑞相院黄贵妃功德、**地藏尼寺**、**慈光尼寺**张府功德、**广慈院**旧名广福、**宝藏院**有乌龙井、钱武肃庙碑。改额"表忠观"，立碑，碑抬府学。今钱氏五王庙在焉、**宁清广福院**陈淑妃香火，院虽小而幽邃可喜、**福全尼寺**、**广严院**旧名妙严。有徐正节墓、**广恩院**、**净教院**蔡贵妃殡所、**安福禅院**内侍陈都知香火，名"小陈寺"、**水月寺**路口有灵因石、**崇教院**旧名"荐福"，有珍珠泉、**慈云岭**、**华津洞**赵翼王府，园水石甚奇胜，有仙人棋台、**西林法惠院**旧名兴庆，钱王建。有雪斋，秦少游记、东坡诗、**冷水峪**、**梯子岭**、**净明院**郊坛斋宫，有"易安斋、梅岩"高孝两朝御和诗。

满山皆棕榈。旧有江月庵、筇舄亭①。

龙华宝乘院本钱王瑞尊园舍建，有傅大士塔，并拍板、门槌犹存，有温公祠堂题名。

天华寺镜清禅师道场，旧名"千春龙册"，有颐轩、妙音楼、化生池。

感业寺旧名"天龙"，有木观音像。

胜相院旧名"龙兴千佛"，有丈六观音像二并阁、释迦丈六金身像。

大通院旧名"显明"、**天真院**旧名"登云台"，有灵化洞、**龙华山**有石如龙，与两石龙寺接、**下石龙净胜院**、**上石龙永寿院**旧名"资贤"，石崖刻仁宗《佛牙赞》、**郊台**钱王郊台亦近焉、**道林院**旧名"普济"、**大慈寺**、**般若院**、**宝惠院**旧名"普济"、**钱王坟**文穆、忠献二王葬此、**长庆崇福院**皇叔祖太师和王④功德、**窑池**一名"乌菱池"、**圣果寺**在包家山。

真觉院旧名"奉庆"，有东坡《瑞香花》诗。

包家山桃花关桃花甚盛，旧有"蒸霞"二字，春日游人甚多。

法云寺旧名"资崇"、**大慈山**旧有"广福"金书院额。

虎跑泉②旧传性空禅师居此，无泉，二虎跑地而出。东坡诗云："虎移泉眼趁行脚，龙作浪花供抚掌。"

乾溪寨、**小杨寺**、**香严寺**。

【注释】

① 筇舄（qiōng xì）：筇，竹子。舄，加木底的鞋。

② 虎跑泉：据云，性空禅师与其师寰中于唐宪宗元和年间居此修行，神人托梦，云将派二虎移南岳之泉来供饮用，天明，果见二虎跑穴成泉。所引苏轼诗题即为《虎跑泉》。

小麦岭饮马桥前后巷至龙井，止九溪十八涧。

道人山有石洞、**饮马桥**地名"放马场"。

旌德显庆教寺咸淳甲戌冬，改"旌德袭庆"。慈明太后香火。方丈有轩，曰"云扉"；后山有泉石甚奇，曰"林泉"。有清墼、凝紫、静云等诸亭。

南山禅关又名"龙井路",今又改"南天竺"、**仰妃墓**吴越钱王妃、**梅坡园**杨郡王园。又名"总秀"。

灵隐观宁宗朝张知宫创,御书"冲隐庵"。淳祐中道士范善迁重建,赐名今额。今庵在观右,而观改"仁寿院"矣。

太清宫宁宗时朱灵宝守固建,杨太后书《道德经》石幢[1]。有岁寒轩、养性、凝神二堂,后为贾贵妃功德,今改观音院。

松庵杨郡王府、**崇报显庆院**旧名"栖真",章粢质夫功德,后为永王、祈王殡所。

章司徒墓名得象,枢使粢之祖,栖真院碑可考。

翁五峰墓名孟寅,字宾旸。

徐典乐墓名申,字干臣,号青山翁。

强金紫墓名至,字几圣,今石羊虎犹存。其子文宪公渊明墓,在西溪岭钦贤乡,诸子亦多祔[2]此。

陈拾遗墓唐人,岁久莫考名字,在积庆山下。

冰壑书堂金枢密渊,号冰壑,尝作书堂于此,因葬焉。积庆、永清二山在后,平鼎山在左,湖山在前。凡钱塘城邑江湖之胜,皆近在几席间。乃南北二峰中之最高一山也。有君子、天一二泉。理宗御书"积庆山怡颜藏书农圃"以赐,又赐功德寺名曰"积庆教忠",后不及建而止。

赞宁塔天圣[3]间葬此、**灵石山**、**薛开府墓**名居正,谥贞显。

【注释】

① 石幢(chuáng):佛家将经文刻于石柱上名为石幢。此处所刻为道家奉作经典的《老子》。

② 祔(fù):合葬之意。

③ 天圣:宋仁宗年号,公元 1023—1032 年在位。

崇因报德院有灵石泉,又名"岁寒泉",甚清。高宗尝临幸。院与积庆山后永清院皆薛开府功德。此院已废,独灵石塔犹存。

净林广福院开府杨庆祖坟庵，土人呼为"上杨庵"。有松关、南泉、芳桂亭。姜白石与铦朴翁等三人来游，诗云："四人松下共盘桓，笔砚花壶石上安。今昔兴怀同此味，老仙留字在屏颜。"后为演福寺，遂废。

无垢寺旧名"无著"，乃无著禅师道场，旧在石人岭。庆元中，韩平原以寺为生坟，遂移寺于此。嘉定十一年重修，有鸦鸡岩、仙人台、清音轩，偃松下有茯苓，因名泉为"茯苓泉"，后为演福寺，遂废。

崇恩演福教寺宝祐丁巳重建，咸淳中，改禅寺，德祐后，复为教寺。贾贵妃殡所。周汉国端孝公主祔焉。旧山门有妙庄严域，及生清净心亭、诸天阁、真如亭、罗汉阁、灵石堂。

鸡笼山、金钟峰、褚家坎汉末褚盛族，旧有居此者、白莲院相传晋肇法师讲经于此、风篁岭、小水乐福邸园。

二老亭①后改"德威"，旧在风篁岭头。东坡、辩才往来于此，皆有诗。今移于龙井祠下。

龙井吴赤乌②中，葛稚川尝炼丹于此。在风篁岭上，岩壑林樾幽古，石窦一泓，清澈翠寒，甘美司爱，虽久旱不涸。石上流水处，其色如丹，游者视久水辄溢，人去即减，其深不可测。相传与江海通，有龙居之，每祷雨必应。或见小蟹、斑鱼、蜥蜴之类。井傍有惠济龙王祠。

【注释】

① 二老亭：苏轼与辩才所建，苏轼有诗纪其事，观其诗题可知：《辩才老师退居龙井，不复出入，轼往见之，常出至风篁岭，左右惊曰："远公复过虎溪矣！"辩才笑曰："杜子美不云乎'与子成二老，来往亦风流'。"因作亭岭上，名之曰"过溪"，亦曰"二老"。谨次辩才韵赋诗一首》。

② 赤乌：三国时期东吴孙权的年号，公元238—251年在位。

陈寺丞墓名刚中。绍兴中，以言事，与张状元九成连坐，谪知虔州安远县而卒，后葬风篁岭沙盆坞。

胡侯墓名则，知杭州。庙在墓前。

刘庵孝宗朝刘婉容欑所。今归龙井寺。

龙井延恩衍庆寺辩才故地，旧名"报国看经院"，后改"寿圣"，东坡书额犹存。又改"广福"，元祐以来，诸贤留题甚多，及东坡《竹石》、廉宣仲《枯木》。寺前有过溪桥，又名"归隐桥"，又名"二老桥"。寺有方圆庵、寂照阁、清献赵公闲堂、讷斋、潮音堂、涤心沼、镜清堂、冲泉、萨埵石、辩才清献东坡三贤祠、辩才塔、诸天阁，山有狮子峰。

叶苔矶墓元素，字唐卿，诗人。

五云山中有真际院。岭上有天井，大旱不竭。

九溪十八涧。

大麦岭：

法空寺旧名资庆、南资圣院濮王坟、花家山、净安院内侍董宋臣香火、卢园内侍卢允升园。景物奇秀，西湖十景所谓"花港观鱼"即此处也、崇真宫昔为女冠①，今为永净尼寺、茆家步、独角门、净严广报院内侍董永仲功德、隆兴庵杨寺廨院、黄泥岭、水陆庵杨寺廨院，后名"庆安院"、妙心寺、水竹坞。

【注释】

① 女冠：即女道士，指此宫原为道宫，现为佛庵。

西湖三堤路苏公堤自南新路直至北新路口，小新堤自曲院至马蝗桥。

苏公堤元祐中，东坡守杭日所筑。起南迄北，横截湖面，夹道杂植花柳，中为六桥九亭。坡诗云："六桥横截天汉上，北山始与南屏通。忽惊二十五万丈，老葑席卷苍烟空。"后守林希榜之曰"苏公堤"。章子厚诗云："天面长虹一鉴痕，直通南北两山春。"

第一桥港通赤山教场南来，名"映波"。

旌德观元系定香寺旧址，宝庆间，京尹袁韶改建为观。有西湖道院，虚舟、云锦二亭。今复为定香教寺。

先贤堂①名"仰高"，祠许由以下共四十人，刻石作赞，具载事迹。中以宝庆初巴陵之事②，谓潘阆有从秦王之嫌，遂去之，及节孝妇孙夫人以下五人，今止三十有九人焉。

中有振衣、古香、清风堂。山亭流芳，花竹萦纡，小山曲径。今归旌德，堂宇皆废。

第二桥通赤山麦岭路，名"锁澜"。

湖山堂旁有水阁，尤宏丽。

三贤堂祠白乐天、林和靖、苏东坡；后有三堂，曰：水西云北、月香水影、晴光雨色；后有小亭，曰虚舟、曰云梯。

第三桥通花家山港，名"望山"。

第四桥通茆家步港，名"压堤"。北新路第三桥。

施水庵名"圆通"，有石台笼灯，以照夜船。

雪江书堂胡贤良侁所居。

新水仙王庙龙王祠，与葛岭者为二。

崇真道院贾平章建，后有阁，今改为僧寺。

松窗张濡别墅。

第五桥通曲院港，名"东浦"。北新路第二桥。

【注释】

① 先贤堂：此处所奉，均为与杭州有关的历代贤人。除潘阆外，名目如下：尧时隐士许由，汉隐士严光，三国吴偏将军凌统，西晋吴临海太守范平，西晋中尉褚陶，东晋孝子孙晷，宋广威将军卜天与，义士范叔孙，齐隐士褚伯玉、顾欢、杜京产，梁大夫范述曾、义士范元琰、孝子褚脩，唐散骑常侍褚亮、尚书右仆射褚遂良、散骑常侍褚元量、睢阳太守许远、孝子章成缅，五代吴越国王钱镠、钱俶，后梁给事中罗隐，宋工部侍郎郎简、知制诰谢绛、知谏院钱彦远、隐士林逋、翰林学士沈遘、大夫钱藻、龙图阁学士陆诜、直秘阁吴师礼、龙图阁学士虞奕、八行先生崔贡、太师张九成，晋节妇孙夫人、孝妇虞夫人，唐孝女冯氏、节妇何氏，宋孝妇盛氏。

② 巴陵之事：宁宗驾崩后，丞相史弥远废太子赵竑而立赵昀，即理宗。宝庆元年湖州人潘壬等率渔民拥立赵竑为帝，事败，赵竑被贬为巴陵县公。

第六桥通耿家步港，名"跨虹"。北新路第一桥。

小新堤淳祐中，赵京尹与𥨊自北新路第二桥至曲院筑堤，以通灵竺之路，中作四面堂、三亭，夹岸花柳比苏堤，或名"赵公堤"。

履泰将军庙有天泽井、葛仙翁所植虬松。将军钱塘人，姓孙名显忠，仕吴越。时嘉熙中，赵与欢尹京祷雨，有验奏闻，因敕封天泽侯。

杨园杨和王府。

永宁崇福院又名"小隐寺"，元系内侍陈源适安园。近世所歌《菊花新》曲破之事，正系此处。献重华宫，为小隐园，孝宗拨赐张贵妃。寺前有涧曰双峰，又曰金沙。

裴园裴禧园。诚斋诗云："岸岸园亭傍水滨，裴园飞入水心横。旁人莫问游何处，只拣荷花开处行。"

乔园乔幼闻园。

史园史屏，右微孙。

资国院旧名"报国"。有东坡书"隐秀斋"，赵令畤德麟跋语。

淳固先生墓斌，姓宋，号庸斋，师晦庵先生。

马蝗桥。

孤山路：

西陵桥又名"西林桥"，又名"西泠桥"，又名"西村"。

孤山旧有柏堂、竹阁、四照阁、巢居阁、林处士庐，今皆不存。

四圣延祥观有韦太后沈香四圣像、小蓬莱阁、瀛屿堂、金沙井、六一泉。余见御园类。

西太一宫旧四圣观园，理宗朝建。今黄庭殿，乃昔凉堂也。两壁萧照画尚存。亭馆名并见御园类。弁阳翁诗云："蕊宫广殿号黄庭，突兀浮云最上层。五福贵神留不住，水堂空照九枝灯。"有和靖墓、玛瑙坡、陈朝柏。

四面堂、处士桥以和靖得名、涵碧桥、高菊涧墓名九万，葬孤山后谈家山、断桥又名"段家桥"。万柳如云，望如裙带。白乐天诗云："谁开湖寺西南路，草绿裙腰一带斜。"

北山路自丰乐楼北，沿湖至钱塘门外，入九曲路，至德胜桥南印道堂、小溜水桥、黄山桥、扫帚坞、鲍家田、青芝坞、玉泉、驼巘、栖霞岭、东山衖、霍山、昭庆教场、水磨头、葛岭、九里松、灵隐寺、石人岭、西溪路止。三天竺附。

柳洲、**龙王庙**名"会灵"，所谓"柳洲五龙王"也。

惠明院旧名"资福"，今呼"柳洲寺"，其地旧为通元庵。

上船亭、**养鱼庄**杨郡王府、**环碧园**杨郡王府，堂匾皆御书、**迎光楼**张循王府、**刘氏园**内侍刘公正所居、**一清堂**后改"玉莲"。竞渡争标于此。

菩提院旧名"惠严"，与昭庆寺相连。有灵感大悲像阁、绿野、白莲堂、碧轩、四观轩、南漪、迎熏、澄心、涵碧、玉壶、罴軧，今废。

玉壶御园、**杨和王府水阁**、**贾府上船亭**、**钱塘门上船亭**、**秀邸新园**、**谢府园**有一碧万顷堂、**隐秀园**刘鄜王府。

先得楼即古望湖楼，坡诗有"望湖楼下水连天"是也。

择胜园秀邸。有御书"择胜""爱闲"二堂。

九曲城下、**法济院**旧名"观音院"，有明、爽二轩、**五圣庙**有苏汉臣画壁存焉、**妙因院**元系慈光庵、**宝严院**、**真觉尼院**元系隐静庵、**钱氏院**华亭钱府、**新岳庙**、**东湖道院**、**关王庙**旧路种桃，号"半道红"、**古北关**、**杨府廨宇**杨郡王府今舍为寺、**玉虚观**、**崇果院**德胜桥南，旧名"罗汉"、**印道堂**、**赵郭园**、**罗汉院**、**史府**今为慧日寺、**水丘园**、**西隐精舍**、**丰乐院**、**铁佛寺**、**梅冈御园**、**张氏园**、**王氏园**、**小溜水桥**、**精进院斋宫**。旧名"精修"、**延庆院**、**澄寂院**桃花衖、**黄山桥**、**扫帚坞**、**万花小隐**谢府园、**常清宫**沂王功德、**聚秀园**杨府、**鲍家田**、**秀野园**谢府、**南禅资福尼寺**、**极乐尼寺**、**思故塔**、**屠墟圣昭庙**广惠侯、**资寿院**元系"大圣庵"、**明觉院**旧名"报先"。有虚心轩、**永庵阁府**、**万安院**旧名"清化永安"、**罗寺**。

慈圣院旧名"慈云"。潘、李二贵妃殡所。有圣水池，大旱不涸。

妙智院旧名报国观音院。

玉泉净空院泉色清澈，蓄大金鱼。有龙王祠。

西观音山、**青芝坞**、**愍忠资福普向院**杨和王建，专充殿前诸军功德，及为诸军瘗所。

上关寺内侍关少师功德，名"崇先显庆"。

竹所、杜北山墓汝能，字叔谦，太后诸孙，居曲院，能诗有声。

天清宫女冠、灵峰院裴氏功德、裴坟有双节亭、驼巘岭、灵耀观、西峰净严院感义郡王功德、大明院、圆明崇福禅院岩阿有井泉，极清冽，内侍霍汝弼功德。

栖霞岭、神仙宫有偃松如龙，名"御爱松"、干湿水洞有一寺在侧、净元观、妙明院、东山衚、永安院元系吴秦王府香火庵，有清芬亭、不空院旧名"传经"、护国仁王禅院后有龙洞，龙王祠在焉、西靖宫女冠、宁国院、广照院、霍山、长庆院旧名"华严庵"，主张王香火、张王广惠庙、永庆院、光相塔院山水甚奇、涌泉高宗尝取渝著、清心院旧名"涌泉"、瑶池园吕氏、金轮梵天院旧名"金轮寺"，后即巾子峰、宝胜院旧名应天、金牛护法院、洞明庵、天龙庵道者无门所居。

云洞园杨和王府。有万景、天全、方壶、云洞、潇碧、天机、云锦、紫翠、闲濯缨、五色云、玉玲珑、金粟洞、天砌台等处。花木皆蟠结香片，极其华洁。盛时，凡用园丁四十余人、监园使臣二名。

大昭庆寺与前菩提寺相连，旧名"菩提寺"，有戒坛。

策选锋教场、古柳林。

钱塘县尉司旧有平湖轩、英游阁，又有片石，周益公字之曰"奇俊"，盖相传为王子高旧居故也。

葛岭路：

水磨头、石函桥有水闸，泄湖水入下湖、放生亭 ①、德生堂 ② 理宗御书、泳飞亭理宗御书、总宜园水张太尉，后归赵平远淇，今为西太一宫。

大吴园、小吴园、水月园绍兴中赐杨和王。孝宗拨赐嗣秀王。水月瀛、燕堂、玉林堂，皆御书。

葛岭葛仙常往来于此，故得名，亦名"葛坞"。

兜率院、十三间楼相严院旧名"十三间楼石佛院"，东坡守杭日，每治事于此。有冠胜轩、雨亦奇轩。

大石佛院旧传为秦始皇缆船石，俗名"西石头"。宣和中，僧思净就石镌成大佛半身。或云下通海眼。

保叔塔崇寿院咸平中，僧永保修，故得名。有应天塔、极乐庵、落星石、石狮峰，又名巾子峰，及石屏风在焉。碑刻旧有《屏风院记》《封山记》。

瑞峰堂、**宝稷山**、**敷惠庙**、**多宝院**旧名"宝积"，有绿阴堂。

嘉泽庙祠水仙王^③。有荐菊泉及亭。

【注释】

① 放生亭：北宋真宗时，杭州通判王钦若创建，后来杭人便以佛诞日为放生日。

② 德生堂：宋高宗诏命西湖为放生池，禁钓捕，并建德生堂与泳飞亭。

③ 水仙王：水神，西湖旁有祭祀之庙。

孙花翁墓惟信，字季蕃，隐居湖山，弃官自放，能诗，词尤工。赵节斋葬之，刘后村为志，杜清献为文以祭之。

普安院、**挹秀园**杨驸马、**秀野园**刘郿王。有四并堂。

上智果院有参寥泉，东坡题。梁广王攒所。

治平寺有锦坞、烟云阁。

江湖伟观即观台旧址，尽得江湖之胜。

寿星院有寒碧轩、此君轩、观台、杯泉、平秀轩、明远堂、东坡祠及诗刻。

宝云庵旧名"千光王寺"，邠王攒所。有宝云庵、清轩、月窟、澄心阁、南隐堂、妙思堂、云巢，今不复存。又有灵泉井、宝云庵、初阳台，亦废。

玛瑙宝胜院昔在孤山，后改为四圣观，遂迁于此。有中庸子陶器墓，乃法惠法师智圆自号也。有高僧阁、仆夫泉、夜讲堂。

养乐园贾平章。有光禄阁、春雨观、潇然养乐堂、嘉生堂、生意生物之府。

玉清宫有葛仙炼丹井、**半春园**史卫王府、**小隐园**史府。

集芳御园后赐贾平章。内有假山石洞，通出湖滨，名曰"后乐园"。有蟠翠、雪香、翠岩、倚秀、挹露、玉蕊、清胜,以上皆高宗御题,亦"集芳"旧物也;西湖一曲奇勋,理宗御书;秋壑遂初容堂,度宗御书。又有初阳精舍、警室、熙然台、无边风月、见天地心、琳琅步归舟等不一。

香月邻廖莹中园,后归贾相。

嘉德永寿教寺毛娘娘功德。有翔泳堂、芝岩堂。

喜鹊寺即禅宗院,以鸟窠禅师得名。魏婉仪殡所。白乐天有《紫杨花》诗。

宝严院旧名"垂云",有垂云亭、借竹轩、无量福海。

赵紫芝墓名师秀,在宝严院后。

定业院鸟窠禅师道场。有君子泉、石甑山、环峰堂、袭梦轩。

虎头岩介于宝严、定业之间。

施梅川墓名岳,字仲山,吴人,能词,精于律吕。杨守斋为寺后树梅作亭以葬,薛梯飙为志,李笋房书,周草窗题盖。

仁寿尼庵、招贤寺。

上官良史墓在招贤寺后,良史字季长,号淇园。

报恩院旧名"报先",即孤山六一泉寺,后以其地为延祥观,遂迁于此。德国公主殡所。

广化院旧名"永福",自孤山迁于此。旧有白公竹阁、梧堂、水鉴堂、涵晖亭、凌云阁、金沙井、辟支佛骨塔、慧琳塔、白公祠堂。黄宜山诗云:"移自孤山占此山,荒凉老屋万琅玕。樱桃杨柳空花梦,千古清风满阁寒。"

快活园赵氏。

水竹院落贾平章园。御书阁曰"奎文之阁",有秋水观、第一春、思剡亭、道院。

显明院旧名"兴福保清",仪王仲湜殡所。有鉴空阁、绿净堂存焉。

北新路口、栖霞岭口、古剑关栖霞岭下。

岳王墓岳武穆王飞葬所,其子云亦祔焉。叶靖逸诗云:"万古知心只老天,英雄堪恨复堪怜。如公少缓须臾死,此虏安能八十年。漠漠凝尘空месяц月,堂堂遗像在凌烟。早知埋骨西湖路,学取鸱夷理钓船。"林弓寮诗云:"天意只如此,将军足可伤。忠无身报主,冤有骨封王。苔雨楼墙暗,花风庙路香。沉思百年事,挥泪洒斜阳。"王修竹诗云:"埋骨西湖土一丘,残阳荒草几经秋。中原望断因公死,北客犹能说旧愁。"

褒忠演福院元系"智果观音院"，后充岳鄂王香火。岳云所用铁枪犹存。

冲虚宫旧名"宁寿庵"、**耿家步**、**东山衖口**。

福寿院旌德寺子院。有宁宗御书"桂堂"二字。

廖药洲园有花香、竹色、心太平、相在、世彩、苏爱、君子、习说等亭。

小石板巷口、**九里松**、**一字门**唐刺史袁仁敬守杭日，植松于左右各三行，门扁吴说书，高宗尝欲易之，自以不及，但金饰其字。

驼巘岭口、**石板巷口**、**曲院巷口**、**行春桥**、**小行春桥**、**忠勇庙**统制张玘祠、左军教场。

马三宝墓在教场内。传云向曾欲去之，有黑蜂数百自墓中出，不可向，遂止。至元①十五年六月，内有军厮名狗儿者，因樵采垦土，得一铁券，上有字云"雁门马氏葬于横冲桥"云云，后又有十字云："至元十五六，狗儿坏我屋。"盖古人知数者耳。始知"横春桥"本名"横冲桥"云。

三藏塔院、**明真宫**女冠。今改为三藏寺、**资德院**慕容贵妃香火、**万寿院**南山。白云宗②建。

【注释】

① 至元：元世祖忽必烈年号，为公元 1264—1294 年。

② 白云宗：自称中国佛教华严宗的一个支派，宋徽宗大观年间宝应寺僧孔清觉创立于杭州白云庵，故名。但此宗历来为佛教禅宗所不容，也为统治者所严禁。

唐家衖、**后涧溪**、**紫芝道院**道士陈崇真①、**瑞冈坞**、**燕脂岭**以土色得名、**普福教寺**芝云堂、**崇寿院**、**崇亲资福院**张淑妃香火。

天申万寿圆觉教寺旧为了义法师塔院，有归云堂、三昧正受阁并高宗御书，累朝临幸。有御座御榻，理宗御书"清凉觉地"。

石狮子路、**香林园**、**斑衣园**韩府、**金沙涧**灵、竺之水自此东入于湖。

显慈集庆教寺阎贵妃香火。寺扁、殿阁皆理宗御书。有月桂亭甚佳。金碧为湖山诸寺之冠。

灵隐、天竺寺门俗呼"二寺门"。袁居中书白乐天诗"一山门作两山门，两寺元从一寺分"，正此也。

合涧桥灵、竺二山之水汇合于此。

龙脊桥、武林山又曰"灵隐山"，又曰"灵苑山"，又曰"仙居山"；上有五峰，曰飞来、曰白猿、曰稽留、曰月桂、曰莲华；山前有洞，即武林泉也。

呼猿洞、龙泓洞有蒋之奇篆字，前后诸贤题字极多。二洞在飞来峰。

女儿山一名玉女岩、青林岩、理公岩乃灵隐开山慧理法师，在灵鹫寺后。

冷泉有亭在泉上，"冷泉"二字乃白乐天书，"亭"字乃东坡续书。诗扁充栋，不能悉录。林丹山诗云："一泓清可沁诗脾，冷暖年来只自知。流出西湖载歌舞，回头不似在山时。"

温泉、醴泉二泉在冷泉之上。

葛坞、朱墅、候仙亭、鳌雷亭、观风亭又有虚白、见山、袁君、紫薇、翠微、石桥、月桂等亭，及丹灶、隐居、许迈思真三堂、连岩栈、伏龙溅等，今皆废。

景德灵隐禅寺相传"灵隐禅寺"乃葛仙书，或云宋之问书。景德中，续加"景德"二字。有百尺弥勒阁、莲峰堂，方丈曰直指堂、千佛殿、延宾水阁、望海阁，理宗御书"觉皇宝殿、妙庄严域"。又有巢云亭、见山堂、白云庵、松源庵、东庵等，在山后，尤幽寂可喜。

北高峰塔在灵隐寺山后绝顶，比南高峰尤高。上有五显祠，远近炷香，四时不绝。

法安院旧名"广严"，唐韬光禅师筑庵于院后。有清献、东坡题名。

保宁院旧名"保安无量寿"。

资圣院旧名"大明"。开山咸泽禅师。

韬光庵韬光禅师道场，与乐天同时。周伯弜有诗，前后诸贤留题甚多。旧有僧尝于此降仙，请至释子兰以下十人，凡七士三释，皆唐人能诗者，各书一诗，语极奇绝，曲尽其景。今诗尚存壁间。

永福寺隆国黄夫人功德。咸淳九年建，在灵隐西石笋山下。

石笋普圆院天福[①]二年，黄氏重修。旧名"资严山"。有石如笋，高数十丈，故名"石笋寺"。有超然台，金沙、白沙二泉。郇公庵：杭守祖无择，爱此山之胜，结庵于此，取公所封名之。方丈左右，金漆板扉，皆赵清献、诸贤苏、秦、黄、陈[②]留题，及文与可竹数枝，如张总得父子、吴傅朋等，题字甚多。岁久暗淡，犹隐隐可见。寺极清古幽邃，为湖山诸刹之冠。后隆国黄夫人，以超然台为葬地，遂移此院于山之西，而古意不复存矣。

【注释】

① 天福：后晋高祖石敬瑭年号，为公元 936—944 年。

② 苏：指苏轼。秦：指秦观。黄：指黄庭坚。陈：指陈师道。

天圣灵鹫院僧德贤建。

铁舌庵、隆亲永福院温国成夫人香火，今废。

时思荐福寺吴益王坟寺，旧以下竺为坟寺，后以古刹，遂别建于此。高宗尝临幸。吴太后手书《金刚经》，有杨太后跋，及高宗御书《心经》，并刻石藏下竺灵山塔下。益王神道碑①，蒋灿书，字甚佳。墓前二石马，琢刻如生，旧传夜辄驰骤，其秋辔光莹如玉，至今苔藓不侵。寺有宜对亭、通云亭、双珠亭、万玉轩、雨华堂。湖山至此，极幽邃矣。

黄妃墓钱王妃、**卓笔峰、明惠尼院**旧名"定惠"，钱王孙妃香火、**石人岭、海峰庵**。

无著禅师塔旧有无垢院，韩平原以为寿地，迁院于灵石山侧。后杨郡王复取为寿地，遂启其塔，乃陶龛，容色如生，发垂至肩，指爪皆绕身，舍利②无数，留三日不坏，竟茶毗③之。僧肇淮海有诗云："一定空山五百年，不须惆怅启颓砖。路傍多少麒麟冢，过眼无人赠纸钱。"今地为永福所有。

【注释】

① 神道碑：立于墓道前记载死者生平事迹的石碑。

② 舍利：梵语的音译，指佛骨，即释迦牟尼火化后所留灵骨，佛教认为其有神验。后也指有道行的僧人所留灵骨。

③ 茶毗：梵语的音译，也作茶毘、阇毘，即焚烧火化之意。

西溪路：

毕宫师墓毕再遇之父子皆葬于此。

三天竺自灵鹫至上竺郎当岭止：

陈明大王庙汉灵帝熹平余杭令陈浑，后唐明宗长兴中封太平灵卫王。

灵鹫兴圣寺慧理法师卓锡之地，吴越王建。有灵山海会阁，理宗御书，理公岩、滴翠轩、九品观、东坡祠、东坡题名。

隋观法师塔下竺，开山祖师真观。

下天竺灵山教寺在隋号"南天竺"；五代时号"五百罗汉院"；祥符初号"灵山寺"；天禧复号"天竺寺"；绍兴改赐"天竺时思荐福"，为吴秦王香火；庆元复今额。有御书阁，藏仁宗及中兴五朝御书。曲水亭、前塔、跳珠泉、枕流亭、适安亭、清晖亭、九品观堂石、面灵桃石、莲华水波石、悟侍者①塔并祠、草堂、西岭卧龙石、石门洞、神尼舍利塔、日观庵。方丈曰"佛国"法堂，二字乃云房锺离权②书，其奇古。金光明三昧堂、神御殿、瑞光塔、普贤殿、无量寿阁、回轩亭、七叶堂、客儿亭、大悲泉、重荣桧、葛仙丹井、白少傅烹茶井、石梁翻经台、望海阁、香林亭、香林洞、无根藤、斗鸡岩、夜讲台、登啸亭、灵山后塔、慈云忏主榻、七宝普贤阁、旃檀观音瑞像有记。大抵灵竺之胜，周回数十里，岩壑尤美，实聚于下天竺寺。自飞来峰转至寺后诸岩洞，皆嵌空玲珑、莹滑清润，如虬龙瑞凤、如层华吐尊、如皱縠迭浪，穿幽透深，不可名貌。林木皆自岩骨拔起，不土而生。传言兹岩韫玉，故腴润若此。石间波纹水迹，亦不知何时有之。兵间唐宋游人题名，不可殚纪，览者顾景兴怀云。

吴越孝献世子墓文穆王子、枫木坞、**永清寺**薛开府居正香火、**中天竺天宁万寿永祚禅寺**隋开皇，千岁宝掌和尚开山建寺，吴越时名"崇寿院"，政和中改赐今名。有摩利支天像、华严阁、如意泉、**弥陀兴福教院**皇子兖、邡二王③殡所、**显亲多福院**旧名光福、**大明寺**元系"兴国庵"。

上天竺灵感观音院天福中建，名"天竺看经院"；咸平初，赐今名；淳祐中，赐广大灵感观音教寺。旧寺额蔡襄书。后理宗易以御书。外山门乃蔡京书。绍兴、乾道、淳熙皆尝临幸。有十六观堂、应真阁。"超诸有海"，理宗御书。有云汉之阁，藏累朝所赐御书。两峰堂、白云堂、中印堂、清华轩、延桂阁、秋芳阁、伴云阁，前后赐珠冠、玉炉、珍玩甚多。每水旱，朝廷必祷焉。外古迹有肃仪亭、梅峰庵、崇老桥、金佛桥、复庵、流虹洞、梦泉、植杖亭、谢履亭、凝翠泉、观音泉、云液池、孙公亭、无竭泉。

双桧峰、白云峰、乳窦峰、杨梅岭、郎当岭。

【注释】

① 悟侍者：当即思悟侍者。据《佛祖历代通载》卷十八载，思悟侍者

为钱塘人，天竺寺僧，北宋天圣四年，赐天台教典籍入大藏经，他为报国恩而焚躯。

②锺离权：即民间传说中的八仙之一。

③兖、邠二王：徽宗次子赵柽、十子赵材，二人各封为兖王、邠王。

诸市

药市[1]炭桥、花市官巷、珠子市融和坊南、官巷、米市北关门外黑桥头、肉市大瓦修义坊、菜市新门外东青门霸子头、鲜鱼行候潮门外、鱼行北关门外水冰桥、南猪行候潮门外、北猪行打猪巷、布行便门外横河头、蟹行新门外南土门、花团[2]官巷口、钱塘门内、青果团候潮门内泥路、柑子团后市街、鲞团便门外浑水闸、书房[3]橘园亭。

【注释】

① 市：即物品的交易市场。据《梦梁录》卷十三"团行"记载，当时市场"有名为'团'者"，"又有名为'行'者"，"更有名为'市'者"，皆指市场而言。

② 花团：卖花的市场。下同。

③ 书房：此指卖书的地方。

瓦子勾栏
城内隶修内司，城外隶殿前司

南瓦[1]清冷桥熙春楼、中瓦三元楼、大瓦三桥街。亦名上瓦、北瓦众安桥。亦名下瓦、蒲桥瓦亦名东瓦、便门瓦便门外、候潮门瓦候潮门外、小堰门瓦小堰门外、新门瓦亦名四通馆瓦、荐桥门瓦荐桥门外、菜市门瓦菜市门外、钱湖门瓦省马院前、赤山瓦后军寨前、行春桥瓦、北郭瓦又名大通店、米市桥瓦、旧瓦石板头、嘉会门瓦嘉会门外、北关门瓦又名新瓦、艮山门瓦艮山门外、羊坊桥瓦、王家桥瓦、龙山瓦。

如北瓦、羊棚楼等,谓之"游棚"②。外又有勾栏③甚多,北瓦内勾栏十三座,最盛。或有路岐④不入勾栏,只在要闹宽阔之处做场者,谓之"打野呵",此又艺之次者。

【注释】

① 瓦:宋元时城市中的娱乐场所,因百艺杂集,观者极众,亦有买卖东西者,故发展成为综合性市场,亦称"瓦子""瓦市""瓦舍""瓦肆"。

② 游棚:江湖班子带有流动性的表演之处。

③ 勾栏:为戏曲及伎艺的演出场所,因戏台与看席间用栏杆隔开,故名勾栏。

④ 路岐:宋元以来对各种民间艺人的总称和俗称,特别指那些经常流动演出的伶人。

酒楼

和乐楼升旸宫南库、和丰楼武林园南上库、中和楼银瓮子中库、春风楼北库、太和楼东库、西楼金文西库、太平楼、丰乐楼、南外库、北外库、西溪库。

已上并官库,属户部点检所①。每库设官妓数十人,各有金银酒器千两,以供饮客之用。每库有祗直者数人,名曰"下番"②。饮客登楼,则以名牌点唤侑樽,谓之"点花牌"。元夕,诸妓皆并番互移他库。夜卖,各戴杏花冠儿,危坐花架,然名娼皆深藏邃阁,未易招呼。凡肴核杯盘,亦各随意携至库中,初无庖人。官中趁课③,初不藉此,聊以粉饰太平耳。往往皆学舍士夫所据,外人未易登也。

【注释】

① 户部点检所:宋代专司酒库的官署。

②下番：据《梦梁录》卷十九《顾觅人力》所述，知此为上门服役者，如同钟点工。

③趁课：即聚敛赋税。趁为追逐之义，课即课税。

熙春楼、三元楼、五间楼、赏心楼、严厨、花月楼、银马杓、康沈店、翁厨、任厨、陈厨、周厨、巧张、日新楼、沈厨、郑厨只卖好食，虽海鲜、头羹皆有之、虾蟆眼只卖好酒、张花。

已上皆市楼之表表者①，每楼各分小阁，十余，酒器悉用银，以竞华侈。每处各有私名妓数十辈，皆时妆袨服②，巧笑争妍，夏月茉莉盈头，香满绮陌，凭槛招邀，谓之"卖客"；又有小鬟不呼自至，歌吟强聒，以求支分③，谓之"擦坐"；又有吹箫、弹阮④、息气、锣板、歌唱、散耍等人，谓之"赶趁"⑤；及有老妪，以小炉炷香为供者，谓之"香婆"；有以法制青皮、杏仁、半夏、缩砂、荳蔻、小蜡茶、香药、韵姜、砌香、橄榄、薄荷，至酒阁，分俵⑥得钱，谓之"撒暂"⑦；又有卖玉面狸、鹿肉、糟决明⑧、糟蟹、糟羊蹄、酒蛤蜊、柔鱼⑨、虾茸、鳏干⑩者，谓之"家风"；又有卖酒浸江瑶⑪、章举⑫、蛎肉、龟脚⑬、锁管、蜜丁⑭、脆螺、鲎⑮酱、法虾、子鱼、�鱼诸海味者，谓之"醒酒口味"。凡下酒羹汤，任意索唤，虽十客各欲一味，亦自不妨；过卖、铛头⑯，记忆数十百品，不劳再四；传喝如流，便即制造供应，不许少有违误。酒未至，则先设看菜⑰数碟；及举杯，则又换细菜。如此屡易，愈出愈奇，极意奉承。或少忤客意，及食次少迟，则主人随逐去之。歌管欢笑之声，每夕达旦，往往与朝天车马相接，虽风雨暑雪，不少减也。

【注释】

①市楼之表表者：民间酒肆中的杰出者。

②时妆袨（xuàn）服：流行的妆扮与华贵的服装。

③支分：支给赏钱。

④ 弹阮：即弹奏阮咸。阮咸，一种乐器，相传为晋代诗人阮咸所造，长头十三柱，形似今之月琴。

⑤ 赶趁：意为赶做生意挣钱。

⑥ 俵（biào）：分给。

⑦ 撒暂（zàn）：小贩在酒楼中的一种兜售方式，也写作"撒暂"。

⑧ 糟决明：指糟制的鲍鱼肉。决明，即鳆鱼，今称鲍鱼。

⑨ 柔鱼：即下文的锁管。

⑩ 鲞（zhàn）干：即鳣鱼干。鳣，即一种柔弱无骨的海水鱼。

⑪ 江蟯（yáo）：亦写为江珧、江瑶，又名海月，一种贝类，壳大而薄，前尖后宽，呈楔形，其肉极为鲜美。

⑫ 章举：即章鱼。

⑬ 龟脚：石蜐（jié）的俗称。

⑭ 蜜丁：即蚶子，俗称瓦垄子。

⑮ 鲎（hòu）：形如蟹，生活于海底，与下文"鳜（zhì）鱼"均可做鱼酱。

⑯ 过卖、铛头：即侍者与厨师。

⑰ 看菜：即作为样品的菜。

歌馆

平康诸坊①，如上下抱剑营、漆器墙、沙皮巷、清河坊、融和坊、新街、太平坊、巾子巷、狮子巷、后市街、荐桥，皆群花所聚之地。外此，诸处茶肆，如清乐茶坊、八仙茶坊、珠子茶坊、潘家茶坊、连三茶坊、连二茶坊及金波桥等两河以至瓦市，各有等差，莫不靓妆迎门，争妍卖笑，朝歌暮弦，摇荡心目。凡初登门，则有提瓶献茗者，虽杯茶亦犒数千，谓之"点花茶"；登楼甫饮一杯，则先与数贯，谓之"支酒"；然后呼唤提卖，随意置宴，赶趁、祗应、扑卖②者，亦皆纷至，浮费颇多。或欲更招他妓，则虽对街，亦呼肩舆而至，谓之"过街轿"。前辈如赛观音、孟家蝉、吴怜儿等甚多,皆以色艺冠一时,家甚华侈。近世目击者,惟唐安安,最号富盛。凡酒器、沙锣、冰盆、火箱、妆合之类,悉以金银为之。帐幔茵褥,多用锦绮,器玩珍奇,它物称是。下此虽力不逮者,亦竞鲜华。盖自酒器、首饰、被卧、衣服之属,各有赁者。故凡佳客之至,则供具为之一新,非习于游者不察也。

【注释】

① 平康诸坊:唐代长安之平康里为妓女聚居之地,故后世称妓女所居为平康。

② 扑卖:也作"卖扑",即关扑,是一种赌博性质的买卖:掷钱币于地,以其正反面来决定货物价格。

赁物

花檐、酒檐、首饰、衣服、被卧、轿子、布囊、酒器、帏设、动用、盘合①、丧具。凡吉凶之事,自有所谓茶酒厨子,专任饮食请客宴席之事。凡合用之物,一切赁至,不劳余力,虽广席盛设,亦可咄嗟②办也。

【注释】

① 盘合:亦称"合盘",一种盛装糕点酒食的用具,大致类于套盒。

② 咄嗟:犹呼吸之间,很快的意思。

作坊

熟药①圆散②、生药③饮片④、麸面、团子、馒头、燋炕⑤鹅鸭、燋炕猪羊、糖蜜枣儿、诸般糖、金橘团、灌肺、徽子⑥、萁豆、印马⑦、蚊烟。都民骄惰，凡卖买之物，多与作坊行贩已成之物，转求什一之利。或有贫而愿者，凡货物盘架之类，一切取办于作坊，至晚始以所直偿之，虽无分文之储，亦可糊口，此亦风俗之美也。

【注释】

① 熟药：即配制好的药。

② 圆散：即丸散，丸为团成圆球状的药，散为粉末状的药。

③ 生药：指未经熬制的药材。

④ 饮片：指饮用的汤药和服用的片剂。

⑤ 爊（āo）炕：爊，把食物涂上泥或在灰中烧烤。炕，用火烤干。

⑥ 馓（sǎn）子：一种用米做的食品，也叫环饼。

⑦ 印马：宋代印卖年画之一种。

骄民

都民素骄，非惟风俗所致，盖生长辇下，势使之然。若住屋，则动蠲①公私房赁，或终岁不偿一镮②，诸务税息，亦多蠲放，有连年不收一孔者，皆朝廷自行抱认③。诸项窠名④，恩赏则有"黄榜钱"；雪降则有"雪寒钱"；久雨久晴，则又有赈恤钱米；大家富室，则又随时有所资给；大官拜命，则有所谓"抢节钱"；病者则有施药局；童幼不能自育者，则有慈幼局；贫而无依者，则有养济院；死而无殓者，则有漏泽园。民生何其幸欤！

【注释】

① 蠲（juān）：免除。

② 镮（huán）：圆形有孔可穿者为镮，此与下文之"孔"皆指铜钱。

③ 抱认：承担。

④ 窠名：款目，条项。

游手

　　浩穰之区，人物盛夥，游手奸黠，实繁有徒。有所谓美人局以娼优为姬妾，诱引少年为事、柜坊赌局以博戏、关扑结党手法骗钱、水功德局以求官觅举、恩泽迁转、讼事交易等为名，假借声势，脱漏财物，不一而足。又有卖买物货，以伪易真，至以纸为衣、铜铅为金银、土木为香药，变换如神，谓之"白日贼"。若阛阓①之地，则有剪脱衣囊环佩者，谓之"觅贴儿"。其他穿窬肤篋②，各有称首。以至顽徒，如拦街虎、九条龙之徒，尤为市井之害。故尹京政先弹压，必得精悍钩巨③，长于才术者乃可。都辖一房有都辖使臣，总辖供申院长，以至厢巡地分头项火下，凡数千人，专以缉捕为职，其间雄驵④有声者，往往皆出群盗，而内司又有海巡八厢以察之。

【注释】

　　① 阛阓（huán huì）：指闹市。阛，指市垣；阓，指市之外门。

　　② 穿窬（yú）肤（qū）篋：偷盗。穿窬，亦作"穿踰"，指穿壁翻墙；肤篋，指撬开箱子。

　　③ 钩巨：亦写为"钩拒"，古代一种武器，敌退可钩之，敌进可拒之。

　　④ 驵（zǔ）：骏马。

市食

　　鹌鹑馉饳儿①、肝脏侠子②、香药灌肺、灌肠、猪胰③胡饼、羊脂韭饼、窝丝姜豉④、划子、科斗细粉、玲珑双条、七色烧饼、杂煠⑤、金铤裹蒸⑥、市罗⑦角儿⑧、宽焦薄脆、糕糜⑨、旋炙犯儿⑩、八糙⑪鹅鸭、炙鸡鸭、爊肝、罐里爊、爊鳗鳝、爊团鱼、煎白肠、水晶脍、煎鸭子、脏驼儿、焦蒸饼、海蛰鲊、姜虾米、辣菌粉、糖叶子、豆团、麻团、螺头、膘皮⑫、辣菜饼、炒螃蟹、肉葱齑、羊血、鹿肉犯子。

【注释】

① 鹌鹑馉饳（gǔ duò）儿：一种带馅油炸的圆形面食。

② 餎（jiá）子：类似今天的肉夹馍的一种食品。

③ 猪胰：即猪的里脊肉。

④ 姜豉：用猪肉冻制成的食品。

⑤ 杂煠（zhá）：各种油炸食品。煠，即油炸的意思。

⑥ 金铤裹蒸：一种做成金铤形状的糕点。

⑦ 市罗：为一种饼。

⑧ 角儿：也叫"驼峰角子"，类似于包子，但形状为长椭圆形，两头有尖角，脊有一棱如驼峰。

⑨ 糕糜：回族人的一种食品，在煮熟的肉里下糯米粉而做成的糕。

⑩ 旋炙犯（bā）儿：烤肉。犯，即耙，腌制的肉干。

⑪ 八糙：当为禽肉的一种制法。

⑫ 膘皮：用肉皮把煮熟的肉裹起，用重物压实后所成之方肉，俗称"花肉"。

果子：

皂儿膏①、宜利少②、瓜蒌煎③、鲍螺、裹蜜、糖丝线、泽州饧、蜜麻酥、炒团、澄沙团子、十般糖、甘露饼、荔枝膏、蜜姜豉、韵姜糖、玉屑膏、燺木瓜、糖脆梅、破核儿、查条、橘红膏、花花糖、二色灌香藕、糖豌豆、芽豆、栗黄、乌李、酪面、蓼花、蜜弹弹、望口消、桃穰酥、重剂④、蜜枣儿、天花饼⑤、乌梅糖、玉柱糖、乳糖狮儿、薄荷蜜、琥珀蜜、饧角儿、诸色糖蜜煎。

【注释】

① 皂儿膏:把皂荚仁煮透,浸糖水后食用的一种食品。

② 宜利少:应为一种糖果。

③ 瓜蒌煎:是一种用瓜蒌的根或果实做成的蜜饯。瓜蒌是一种中药,其根与果实均可食,又名栝楼、果赢、天瓜、天花。

④ 重剂:下文"蒸作从食"中有"蜜剂",疑此"重"当为"蜜"字之误。

⑤ 天花饼:用天花粉为面做成的饼类食品。

菜蔬:

姜油多、薤① 花茄儿、辣瓜儿、倭菜、藕鲊、冬瓜鲊、笋鲊、茭白鲊、皮酱、糟琼枝、莼菜笋、糟黄芽② 、糟瓜䕩、淡盐䕩、鲊菜、醋姜、脂麻③ 辣菜、拌生菜、诸般糟淹、盐芥。

【注释】

① 薤(xiè):一种草本植物,其茎名薤白,可食,亦可入药。

② 黄芽:莴苣。

③ 脂麻:即芝麻。

粥:

七宝素粥① 、五味粥② 、粟米粥、糖豆粥、糖粥、糕粥、馓子粥、绿豆粥、肉盦饭③ 。

【注释】

① 七宝素粥:即腊八粥的一种。

② 五味粥:亦腊八粥的一种,为肉粥。

③ 肉盦(ān)饭:类似如今的盖浇饭。盦,覆盖的意思。

犯鲊：

算条①、界方条、线条、鱼肉影戏、胡羊犯、削脯、槌脯、松脯、兔犯、麋犯鹿脯、糟猪头、干咸豉、皂角铤、腊肉、炙骨头、旋②炙荷包、荔枝皮③、鹅鲊、荷包旋鲊、三和鲊、切鲊、骨鲊、桃花鲊、雪团鲊、玉板鲊、鲟鳇鲊、春子鲊、黄雀鲊、银鱼鲊、蝛鲊④。

【注释】

① 算条：即长条形的腌肉干。

② 旋：急速转做之意。

③ 荔枝皮：即在肉皮上画出荔枝纹的干肉。

④ 蝛（xián）鲊：经过加工的蛤类食品。蝛，一种蛤类。

凉水①：

甘豆汤、椰子酒、豆儿水、鹿梨浆、卤梅水、姜蜜水、木瓜汁、茶水、沉香水、荔枝膏水、苦水、金橘团、雪泡缩脾饮、梅花酒、香薷饮②、五苓大顺散、紫苏饮。

【注释】

① 凉水：即清凉饮料。

② 香薷（rú）饮：香薷是一种芳香的植物，有滋补之效，香薷饮即以此为主要原料制成的解暑饮料。

糕：

糖糕、蜜糕、栗糕、粟糕、麦糕、豆糕、花糕、糍糕、雪糕①、小甑糕②、蒸糖糕、生糖糕、蜂糖糕、线糕、间炊糕、干糕、乳糕、社糕、重阳糕③。

【注释】

① 雪糕：一种色白如雪的糯米糕。

② 小甑（zèng）糕：用甑器蒸出的一种糕点，多为米与红枣分层排列而成。

③ 重阳糕：即卷三《重九》篇所谓的菊糕。

蒸作从食①：

子母茧、春茧②、大包子、荷叶饼、芙蓉饼、寿带龟③、子母龟、欢喜④、捻尖、剪花、小蒸作、骆驼蹄、大学馒头、羊肉馒头、细馅、糖馅、豆沙馅、蜜辣馅⑤、生馅、饭馅、酸馅⑥、笋肉馅、麸蕈馅、枣栗馅、薄皮、蟹黄、灌浆、卧炉、鹅项、枣锢、仙桃、乳饼、菜饼、秤锤蒸饼、睡蒸饼、千层、鸡头⑦篮儿、鹅弹、月饼、馂子⑧、炙焦⑨、肉油酥、烧饼、火棒、小蜜食、金花饼、市罗、蜜剂、饼餤、春饼、胡饼、韭饼、诸色陕子、诸色包子、诸色角儿、诸色果食、诸色从食。

【注释】

① 从食：正餐外的点心和小吃。

② 春茧：一种茧形的包子，类似于今天的春卷。

③ 龟：也叫龟儿，是宋代流行的一种市食点心，多为寿筵之用。

④ 欢喜：一种圆形的面食。

⑤ 蜜辣馅：一种既甜又辣的包子。

⑥ 酸馅：本为"酸馦"（xiàn），馦，正饭之后的小食品。后俗写讹为"酸馅"或"馂馅"。

⑦ 鸡头：水生植物名，即芡。

⑧ 馂（yè）子：饵。

⑨ 炙焦：即烤焦的馒头。

诸色酒名

蔷薇露、流香并御库①、宣赐碧香、思堂春三省激赏库、凤泉殿司、玉练槌祠祭、有美堂、中和堂、雪醅、真珠泉、皇都春出卖、常酒出卖、和酒出卖。并京酝、皇华堂浙西仓、爱咨堂浙东仓、琼花露扬州、六客堂湖州、齐云清露、双瑞并苏州、爱山堂、得江并东总、留都春、静治堂并江阃、十洲春、玉醅并海阃、海岳春西总、筹思堂江东漕、清若空秀州、蓬莱春越州、第一江山、北府兵厨、锦波春、浮玉春并镇江、秦淮春、银光并建康、清心堂、丰和春、蒙泉并温州、潇洒泉严州、金斗泉常州、思政堂、龟峰并衢州、错认水②婺州、谷溪春兰溪、庆远堂秀邸、清白堂杨府、蓝桥风月吴府、紫金泉杨郡王府、庆华堂杨驸马府、元勋堂张府、眉寿堂、万象皆春并荣邸、济美堂、胜茶并谢府。

【注释】

① 并御库：指以上两种酒均出自御库。下同。

② 错认水：意指酒极清纯，会被人错认为水。上言之"清若空"亦同。

点检所酒息日课，以数十万计，而诸司邸第及诸州供送之酒不与焉，盖人物浩繁，饮之者众故也。

小经纪他处所无者

班朝录①、供朝报②、选官图③、诸色科名④、开先牌⑤、写牌额、裁板尺、诸色指挥⑥、织经带⑦、棋子棋盘、蒲牌骰子、交床试篮⑧、卖字本、掌记册儿、诸般簿子、诸色经文、刀册儿、纸画儿、扇牌儿、印色盝⑨、剪字、缠令、耍令⑩、琴阮弦、开笛⑪、艳笙⑫、鞭鼓⑬、口簧、位牌、诸般盏儿、屋头挂屏、剪镞花样、檐前乐⑭、见成皮鞋⑮、提灯靘灯、头须编掠⑯、香橼络儿、香橼坐子、拄杖、粘竿、风幡、钓钩、钓竿、食罩、吊挂、拂子、蒲坐、椅褥、药焙、烘篮、风袋⑰、烟帚⑱、糊刷、鞋楦、桶钵、搭罗儿⑲、姜擦子、帽儿、鞋带、修皮鞋、穿交椅、穿畢恩⑳、鞋结底、穿珠、领抹、钗朵、牙梳、洗翠、修冠子、小梳儿、染梳儿、接补梳儿、香袋儿、面花儿、绢孩儿、符袋儿、画梅、七香丸、胶纸、稳步膏、手皴药、凉药、香药、膏药、发垛儿、头髮㉑、磨镜儿、弩弦、弹弓、箭翎、射帖、壶筹、鹁鸽铃、风筝、药线、象棋、鞭子、斗叶、香炉灰、纸刷儿㉒、笸子剔、剪截段尺、出洗衣服、簇头消息㉓、提茶瓶、鼓炉钉铰、钉看窗、札熨斗、供香饼、使绵、打炭墼㉔、补锅子、泥灶、整漏、箍桶、襻膊儿㉕、竹猫儿㉖、消息子㉗、老鼠药、蚊烟、闹蛾儿㉘、凉筒儿、纽扣子、接绦、修扇子、钱索、麻索、红索儿、席草、鸡笼、修竹作、使法油、油纸、油单、毡坐子、修砧头、磨刀、磨剪子、棒槌、舂米、劈柴、擂槌㉙_{俗谚云，杭州人一日吃三十丈木头，以三十万家为率，大约每十家日吃擂槌一分合而计之，则三十丈矣}、淘井、猫窝、猫鱼、卖猫儿、改猫犬、鸡食、鱼食、虫蚁食、诸般虫蚁、鱼儿活、虷蚪儿㉚、促织儿、小螃蟹、金麻、马蚆儿㉛、蚰蟓㉜、虫蚁笼、促织盆、麻花子、荷叶、灯草、发烛、肥皂团、茶花子、买瓶掇、旧铺衬、圪伯纸、竹钉、淘灰土、淘河、剔拨叉、黄牛粪灰、挑疥虫、卖烟火、旋影戏。

若夫儿戏之物，名件甚多，尤不可悉数，如相银杏、猜糖、吹叫儿、打娇惜、千千车、轮盘儿，每一事率数十人，各专藉以为衣食之地，皆他处之所无也。

【注释】

① 班朝录：即后来的职官录、缙绅录，专录朝士官职姓名。

② 供朝报：即出售朝报者。朝报，是刊载诏令、奏章及官吏任免事务的朝廷公报。

③ 选官图：一种赌博游戏的用具，唐人称彩选，宋人称选官图，也称

升官图。其图上列官位,掷骰子以定官之升降。

④ 诸色科名:即登录各种科举考试中第人名的簿册。

⑤ 开先牌:登载佛寺名录的簿册。开先,指僧舍。南唐中主李璟曾于五老峰下建舍,有农人献地,以为书堂。及即位,改书堂为僧舍。以农人献地为建立王朝之祥,故名僧舍为"开先"。

⑥ 诸色指挥:指挥为唐宋诏敕的统称,此即刊印出售之诏令文件。

⑦ 织经带:用布帛抄写佛经的卷子。

⑧ 交床试篮:参加科考者所用的物品。交床,一种坐具,原名胡床,后因隋帝恶之而改交床,即后世之太师椅。试篮,试子入考场时所提的篮子,内装笔砚与食品等。

⑨ 印色盝:即印盒。

⑩ 缠令、耍令:均为宋元说唱形式,此指出售缠令与耍令的唱本。

⑪ 开笛:指用竹子开孔制作笛子。

⑫ 靘(qìng)笙:《宋稗类钞》卷二:"笙簧必用高丽铜为之,靘以绿蜡,暖则字正而清越。"靘,装饰之意。

⑬ 鞔(mán)鼓:即制鼓。鞔,把皮革绷在鼓面上叫鞔。

⑭ 檐前乐:即檐马,亦称铁马、风筝、风马儿。据说隋炀帝后临池观竹,竹枯则每思其响,夜不能寐,炀帝为做薄玉龙数十枚挂在檐前,风吹如竹。后民间仿效,不敢用龙,遂用竹马代替。即檐前音乐。

⑮ 见成皮鞋:即现成皮鞋。

⑯ 头须编掠:即包头的头巾之类。

⑰ 风袋:鼓风之用具。

⑱ 烟帚:扫烟灰的小笤帚。

⑲ 搭罗儿:一种帽子。

⑳ 穿罦罳(guà sī):编织筛子。穿,用竹条等物编织,上条之"穿交椅"亦此意。罦罳,筛子。

㉑ 头髲(bì):假发。

㉒ 纰(pī)刷儿:补衣服所用的刷子。纰,衣服的破处。

㉓ 消息：即金属机关。

㉔ 打炭墼（jī）：用炭末做成的块状物，如今天的煤球或煤饼。

㉕ 襻（pàn）膊儿：古人衣袖宽大，劳动时不方便，宋人用一索挂脖子上，其两端皆有小钩，可以扣住两袖，此物即襻膊儿。襻，扣住。

㉖ 竹猫儿：用竹子所做的捕鼠笼。

㉗ 消息子：金属制作的捕鼠夹。

㉘ 闹蛾儿：古代妇女在元夕之夜插于头上的一种装饰。

㉙ 擂槌：一种研物的槌子。

㉚ 虼（gè）蚪儿：即蝌蚪。

㉛ 马蚻（zhá）儿：虫名，蝉类。

㉜ 蝍蟟（jí liáo）：亦作"蜘蟟"，即知了。

诸色伎艺人

御前应制：

姜梅山 特立。观察使、周葵窗 端臣、曹松山 邍、陈藏一 郁、徐良、陈爱山、程奎、耿待聘。

御前画院：

马和之、苏汉臣、李安中、陈善、林春、吴炳、夏圭、李迪、马远、马磷、萧照。

棋待诏：

郑日新 越童、吴俊臣 安吉吴、施茂 施猁狲、朱镇、童先、杜黄象[①]、徐彬象、林茂象、礼重象、尚端象、沈姑姑象，女流、金四官人象、上官夫大夫象、王安哥象、李黑子象。

【注释】

① 象：指杜黄是象棋待诏，而前此数人皆为围棋待诏。

书会 ①：

李霜涯_{作赚绝伦}、李大官人_{谭词}②、叶庚、周竹窗、平江周二郎_{猢狲}、贾廿二郎。

【注释】

① 书会：宋元间编写剧本的民间团体组织。
② 谭词：讲说的一种形式。

演史 ①：

乔万卷、许贡士、张解元、周八官人、檀溪子、陈进士、陈一飞、陈三官人、林宣教、徐宣教、李郎中、武书生、刘进士、巩八官人、徐继先、穆书生、戴书生、王贡士、王贡元、李黑子、陆进士、丘机山、张小娘子、宋小娘子、陈小娘子。

【注释】

① 演史：宋代"说话四家"之一，就是讲史书故事，也正因如此，其作者的名字多叫"贡士""解元""书生"等，表明读书多。

说经：

长啸和尚、彭道_{名法和}、陆妙慧_{女流}、余信庵、周太辩_{和尚}、陆妙静_{女流}、达理_{和尚}、啸庵、隐秀、混俗、许安然、有缘_{和尚}、借庵、保庵、戴悦庵、息庵、戴忻庵。

小说 ①：

蔡和、李公佐、张小四郎、朱修_{德寿宫}②、孙奇_{德寿宫}、任辩_{御前}、施珪御前、叶茂御前、方瑞御前、刘和御前、王辩铁衣亲兵、盛显、王琦、陈良辅、王班直洪、翟四郎升、粥张二、许济、张黑剔、俞住庵、色头陈彬、秦州张显、酒李一郎国林、乔宜、王四郎明、王十郎国林、王六郎师古、胡十五郎彬、故衣毛三、仓张三、枣儿徐荣、徐保义、汪保义、张拍、张训、沈佺、沈喎、湖水周、爊肝朱、掇绦张茂、王三教、徐茂象牙孩儿、王主管、翁彦、嵇元、陈可庵、林茂、夏达、明东、王寿、白思义、史惠英女流。

【注释】

① 小说:宋代"说话四家"之一,也是宋代最为发达的说话伎艺之一。

② 德寿宫:指朱修为德寿宫讲小说者。

影戏:

贾震、贾雄、尚保义、三贾贾伟、贾仪、贾佑、三伏伏大、伏二、伏三、沈显、陈松、马俊、马进、王三郎升、朱祐、蔡咨、张七、周端、郭真、李二娘队戏、王润卿女流、黑妈妈。

唱赚:

濮三郎、扇李二郎、郭四郎、孙端、叶端、牛端、华琳、黄文质、盛二郎、顾和蜡烛、马升、熊春、梅四、汪六、沈二、王六、许曾三、邵六伟、小王三、媳妇徐、沈七、谢一珪。

小唱:

萧婆婆韩太师府、贺寿、陈尾犯、画鱼周、陆恩显都管、笙张、周颐斋执礼、忤都事、丁八。

丁未年①拨入勾栏弟子嘌唱②赚色:

施二娘、时春春、时佳佳、何总怜、童二、严偏头、向大鼻、葛四、徐胜胜、耿四、牛安安、余元元、钱寅奴、朱伴伴大虎头。

【注释】

① 丁未年：当指宋孝宗淳熙十四年（1187）。

② 嘌唱：宋代的一种说唱形式。《都城纪胜》载："嘌唱，谓上鼓面唱令曲小词，驱驾虚声，纵弄宫调，与叫果子、唱耍曲儿为一体，本只街市，今宅院往往有之。"

鼓板：

段防御舍生、张眼光、张开、张驴儿谓之三张、陈宜娘笛、陈喜生拍、周双顶、潘小双、莫及笛、陈喜拍、来七笛、董大有、金四札子皮、朱关生。

杂剧：

赵太、慢星子女流、王侯喜、宋邦宁、唐都管世荣、三何晏喜、晏清、晏然、锄头段、唧伶头、诸国朝、宋清朝、王太铁笠、郝成小锹、宋吉、宋国珍、赵恩、王太、吴师贤、朱太猪儿头、王见喜、铁太、冯舜朝、王珍美、吴国贤、郑太、惠恩泽、时和、颜喜、萧金莲、一窟王、时丰稔、时国昌、金宝、赵祥、吴国昌、王吉、王双莲女流、沈小乔、杜太、蒋俊。

杂扮① 纽元子：

铁刷汤、江鱼头、兔儿头、菖蒲头、眼里乔、胡蜀葵、迎春茧、卓郎妇、笑靥儿、科头粉、韵梅头、小菖蒲、金鱼儿、银鱼儿、胡小俏、周乔、郑小俏、鱼得水旦、王道泰、王寿香旦、厉太、顾小乔、陈橘皮、小橘皮、菜市乔旦、自来俏旦。

【注释】

① 杂扮：宋代戏曲名词，亦称杂班、拔和，或称纽元子。其主要是装

扮各种人物来取笑的演出形式。

弹唱因缘[①]：

童道、费道、蒋居安、陈端、李道、沈道、顾善友、甘道、俞道、徐康孙、张道。

【注释】

① 弹唱因缘：南宋的一种说唱形式，主要以说道教故事为题材，所以其表演者多为道士。

唱京词[①]：

蒋郎妇、孟客、吴郎妇、马客。

【注释】

① 唱京词：当指模仿京师成韵之叫卖声的一种演唱。〖KH1〗

诸宫调[①]**传奇**：

高郎妇、黄淑卿、王双莲、袁太道。

【注释】

① 诸宫调：宋金元时的说唱形式，有说有唱，以唱为主，歌唱部分用同一宫调的若干曲子联成短套，再用不同宫调的短套联成全篇，故名诸宫调。据载，其创始人为北宋孔三传。这种形式体制宏大，可以表现丰富的情节，对后世戏曲艺术影响极大。而其之所以叫"传奇"，是因为所演故事均极曲折故也。

唱耍令：

大祸胎、小祸胎、李俊、香陈渊、大小王、熊二、路淑卿、陈昌、叶道道情、王保、王定、陆槐、郭忠、牛昌、郭双莲、陈新、徐喜、吴昌、赵防御双目无。御前。

唱拨不断[①]：

张胡子、黄三。

【注释】

① 拨不断：一种北曲曲牌的名字，宋时即有专门唱《拨不断》曲子者。

说诨话[①]：

蛮张四郎。

【注释】

① 说诨话：即说诙谐打趣的笑话。北宋时期京师有张山人者，以说十七字诗之诨话而著称，有点类似于今天仍流行的三句半。

商谜[①]：

胡六郎、魏大林、张振、周月岩_{江西人}、蛮明和尚、东吴秀才、陈赟、张月斋、捷机和尚、魏智海、小胡六、马定斋、王心斋。

【注释】

① 商谜：旧时用鼓板吹《贺圣朝》，聚拢人猜诗谜、字谜、戾谜、社谜。

覆射：

女郎中。

学乡谈[①]：

方斋郎。

【注释】

① 学乡谈：模仿方言乡音以取乐。

舞绾百戏：

张遇喜、刘仁贵、宋十将、常十将、错安头、欢喜头、柴小升哥、林赛哥、张名贵、花念一郎、花中宝。

神鬼：
谢兴哥、花春、王铁一郎、王铁三郎。

撮弄杂艺：
林遇仙、赵十一郎、赵家喜、浑身手、张赛哥、王小仙、姚遇仙、赵念五郎、赵世昌、赵世祥、耍大头踢弄、金宝、施半仙、金逢仙、林遇仙、小关西、陆寿、包显、女姑姑、施小仙。

泥丸 [1]：
王小仙、施半仙、章小仙、袁丞局。

【注释】
① 泥丸：即以泥丸为主要道具的杂技表演，如以泥丸变出东西来，或用数个泥丸在扣碗中瞒天过海。

头钱 [1]：
包显、包喜、包和、黄林。

【注释】
① 头钱：指关扑的博戏。头钱，即关扑定胜负时的一掷之钱，因要与所赌之钱区分，故名为头钱，且要染色以标明。

踢弄 [1]：
吴金脚、耍大头、吴鹞子。

【注释】

① 踢弄：当为以踢瓶、弄碗为代表的杂手艺的代称。

傀儡① 悬丝、杖头、药发、肉傀儡、水傀儡：

陈中喜、陈中贵、卢金线、郑荣喜、张金线、张小仆射_{杖头}、刘小仆射_{水傀儡}、张逢喜_{肉傀儡}、刘贵、张逢贵_{肉傀儡}。

【注释】

① 傀儡：即木偶戏表演。悬丝傀儡，指用细线操纵木偶活动的表演形式。杖头傀儡，用木棍操纵表演的木偶戏。药发傀儡，也叫药法傀儡，即用火药做傀儡活动动力的表演。水傀儡，即表演者立于水池之后操纵水面上的傀儡表演。肉傀儡，即大人托着小孩子来表演。

顶撞踏索①：

李赛强、一块金、李真贵、间生强。

【注释】

① 顶撞踏索：踏索即走绳索，而顶撞踏索则为两人在同一绳上对舞。

〖 KH1 〗

清乐：

黄显贵、没眼动乐。

角抵①：

王佐大②、张关索③、撞倒山、刘子路、卢大郎、铁板沓、赛先生、金重旺、赛板沓、曹铁凛、赛佐大、赛关索、周黑大、张佐大、刘春哥、曹铁拳、王急快、严关索、韩铜柱、韩铁僧、王赛哥、一拔条、温州子、韩归僧、黑八郎、郑排、昌化子、小住哥、周僧儿、广大头、金寿哥、严铁条、武当山、盖来住、董急快、董佐大、周板沓、郑三住、周重旺、小关索、小黑犬、阮舍哥、传卖鲜、郑白大。

【注释】

① 角抵：古代渊源甚久的一种摔跤游戏。从下边艺人的名字也可看出特点。

② 侥（yáo）大：以此为名者五人，侥，即僬侥，指矮人，可见此五人均为矮壮之人。

③ 关索：以引为名者四人。在宋金时期，"关索"是在士兵、叛乱者与艺人中称呼勇敢善战者的诨名。

乔相扑[①]：

元鱼头、鹤儿头、鸳鸯头、一条黑、一条白、斗门乔、白玉贵、何白鱼、夜明珠。

【注释】

① 乔相扑：用乔装的形式把相扑融进杂技表演中，大致是用稻草与棉花扎成两个假人，并穿上衣服，一个演员藏身在偶人衣袍下操纵偶人进行相扑表演。

女飐[①]：

韩春春、绣勒帛、锦勒帛、赛貌多、侥六娘、后辈侥、女急快。

【注释】

① 女飐：即女子所进行的角抵表演，因其相比男子角抵而言，对抗性差些，故称"女飐"，意为如风吹物一样。

使棒：

朱来儿、乔使棒高三官人。

打硬^①：

孙七郎、酒李一郎_{说话}。

【注释】

① 打硬：本为佛家的一种修行方法，后演变为一种杂技表演。

举重：

天武张_{击石球}、花马儿_{掇石墩}、郭介、端亲、王尹生、陆寿。

打弹^①：

俞麻线_{二人}、杨宝、姚四、白肠吴四、蛮王、林四九娘_{女流}。

【注释】

① 打弹：一种击打球丸的游戏。

蹴球：

黄如意、范老儿、小孙、张明、蔡润。

射弩儿：

周长_{造弩}、康沈_{造箭}、杳大、林四九娘_{女流}、黄一秀。

散耍：

杨宝、陆行、庄秀才、沈喜、姚菊。

装秀才：

花花帽孙秀、陈斋郎。

吟叫：

姜阿得、锺胜、吴百四、潘盖寿、苏阿黑、余庆。

打硬[①]：

孙七郎、酒李一郎_{说话}。

【注释】

① 打硬：本为佛家的一种修行方法，后演变为一种杂技表演。

合笙[①]：

双秀才。

【注释】

① 合笙：又作合生，宋代"说话四家"之一。

沙书[①]：

余道、姚遇仙、李三郎改画。

【注释】

① 沙书：用沙在地上写字同时讲述各种故事的一种伎艺。

教走兽：

冯喜人、李三教熊。

教飞禽虫蚁：

赵十一郎、赵十七郎、猢狲王。

弄水[①]：

哑八、谢棒杀、画牛儿、僧儿。

【注释】

① 弄水：水上的花样表演。

放风筝：

周三、吕偏头。

烟火：

陈太保、夏岛子。

说药[①]**：**

杨郎中、徐郎中、乔七官人。

【注释】

① 说药：一种以药名组合为戏并生发语趣及韵致的表演。

捕蛇：

戴官人。

七圣法[①]**：**

杜七圣。

【注释】

① 七圣法：一种杂技表演。七人在烟雾中格斗击刺。

消息：

陆眼子、高道。

卷七

乾淳奉亲

　　此书丛脞无足言，然间有典章一二可观，故好事者或取之，然遗阙故不少也。近见陈源家所藏《德寿宫起居注》^①及吴居父、甘昇所编《逢辰》^②等录，虽皆琐碎散漫，参考旁证，自可互相发挥。又皆乾、淳奉亲之事，其一时承颜养志之娱、燕间文物之盛，使观之者锡类^③之心，油然而生，其于世教民彝^④，岂小补哉！因辑为一卷，以为此书之重。然余所得而闻者，不过此数事耳。若二十八年之久，余虽不得尽知而尽纪之，然即其所知其所不知，盖亦可以想见矣。因益所未备，通为十卷，杂然书之。既不能有所次第，亦不暇文其言词，贵乎纪实，且使世俗易知云尔。

【注释】

　　①《德寿宫起居注》：当时太上皇赵构居于德寿宫，此书即为史官记录赵构日常起居的史书。

　　②《逢辰》：即《逢辰录》，当为钱惟演所撰之书。

　　③锡类：谓以善施及众人，此特指孝敬双亲。

　　④民彝：人民的伦理道德。彝，常道。

　　乾道三年三月初十日，南内^①遣阁长至德寿宫，奏知："连日天气甚好，欲一二日间，恭邀车驾幸聚景园看花，取自圣意，选定一日。"太上^②云："传语官家^③，备见圣孝，但频频出去，不惟费用，又且劳动多少人。本宫后园，亦有几株好花，不若来日请官家过来闲看。"遂遣提举官同到南内奏过，遵依讫。次日，进早膳后，车驾与皇后、太子过宫，起居二殿^④讫，先至灿锦亭，进茶，宣召吴郡王、曾两府已下六员侍宴，同至后苑看花。两廊并是小内侍及幕士，效学西湖，铺放珠翠、花朵、玩具、匹帛，及花篮、闹竿、市食等，许从内人关扑；次至球场，看小内侍抛彩球、蹴秋千；又至射厅，看百戏，依例宣赐；回至清妍亭，看荼蘼，就登御舟，绕堤闲游。亦有小舟数十只，供应杂艺、嘌唱、鼓板、蔬果，与湖中一般。太上倚阑闲看，适有双燕掠水飞过，得旨，令曾觌赋之。遂进《阮郎归》云：

> 柳阴庭院占风光。呢喃春昼长。碧波新涨小池塘。双双蹴水忙。　　萍散漫，絮飞扬。轻盈体态狂。为怜流水落花香。衔将归画梁。

既登舟，知阁张抡进《柳梢青》云：

> 柳色初浓，余寒似水，纤雨如尘。一阵东风，縠纹微皱，碧沼鳞鳞。　　仙娥花月精神。奏凤管、鸾弦斗新。万岁声中，九霞杯内，长醉芳春。

曾觌和进云：

> 桃靥红匀，梨腮粉薄，鸳径无尘。凤縠凌虚，龙池澄碧，芳意鳞鳞。　　清时酒圣花神。看内苑、风光又新。一部仙韶，九重鸾仗，天上长春。

各有宣赐。次至静乐堂，看牡丹。进酒三盏，太后邀太皇、官家，同到刘婉容位奉华堂听摘阮。奏曲罢，婉容进茶讫，遂奏太后云：本位近教得二女童名琼华、绿华，并能琴阮、下棋、写字、画竹、背诵古文，欲得就纳与官家则剧⑤。遂令各呈伎艺，并进自制阮谱三十曲。太后遂宣赐婉容宣和殿玉轴沈香槽三峡流泉正阮一面、白玉九芝道冠、北珠缘领道氅、银绢三百匹两、会子三万贯。是日三殿并醉。酉牌还内。自此官里知太上圣意，不欲频出劳人，遂奏知太上，命修内司日下于北内后苑，建造冷泉堂，叠巧石为飞来峰，开展大池，引注湖水，景物并如西湖。其西又建大楼，取苏轼诗句，名之曰"聚远"，并是今上御名恭书。又御制堂记，太上赋诗，今上恭和，刻石堂上。是岁翰苑进端午帖子⑥云：

聚远楼前面面风，冷泉堂下水溶溶。

人间炎热何由到，真是瑶台第一重。

又曰：

飞来峰下水泉清，台沼经营不日成。

境趣自超尘世外，何须方士觅蓬瀛。

皆纪实也。

【注释】

① 南内：南宋皇帝所居住的宫殿，也称大内，这里指宋孝宗。

② 太上：即太上皇宋高宗赵构。

③ 官家：即皇帝。西汉谓天子为县官，东汉谓天子为国家，故兼称为"官家"。

④ 二殿：指太上皇赵构与吴太后。

⑤ 则剧：玩乐，亦指玩具。

⑥ 端午帖子：这两首诗一是周必大所写，一是汪应辰所写。

淳熙三年五月二十一日，天申圣节①。先十日，驾诣德寿宫进香，并进奉银五万两、绢五千匹、钱五万贯、度牒一百道，用绿油匣二百个，上贴签云："臣某御名谨进。"令幕士安顿寝殿前，候阁长到宫，移入殿上，并铺放七宝金银器皿等。十二日，皇后到宫进香。排日皇太子、皇太子妃并大内职典等进香。至日卯时，车驾率皇后、太子、太子妃、文武百僚，并诣宫上寿。车驾至小次降辇，太上遣本宫提举传旨减拜行礼，上回奏云："上感圣恩，容臣依礼上寿。"太上再命减十拜。俟太上升殿，皇帝起居拜舞如仪，并率皇太子百官奉上御酒，乐作，卫士山呼，驾兴，入幄次小歇。乐人再排立，殿上降帘，太上再坐，太后率皇后、太子妃上寿，六宫次第起居，礼毕退。上侍太上过寝殿，进早膳。太上令宣唤吴郡王等官前来伴话，上侍太上同往射厅，看百戏，依例宣赐。再入幄次小歇。上遣阁长奏知太上：“午时二刻，恭请赴坐。”至期，车驾并赴德寿殿排当。自皇帝已下，并簪花侍宴。至第三盏，太上遣内侍请官家免花帽儿、束带，并卸上盖衣，官里回奏：“上感圣恩。”并免皇后头冠。皇太子穿执，并谢恩讫。太上泛赐皇太子累金嵌宝盘盏、紫罗、紫纱，南北内互赐承应人目子钱②，主管禁卫官率禁卫等人，于殿门外谢恩。又入幄次小歇。约二刻，再请太上往至乐堂再坐，教坊大使申正德进新制《万岁兴龙曲》乐破、对舞，各赐银绢有差。又移宴清华，看蟠松，宫嫔五十人皆仙妆，奏清乐，进酒，并衙前呈新艺。约至五盏，太上赐官里御书《急就章》并《金刚经》，官家却进御书真草《千字文》，太上看了甚喜，云：“大哥近日笔力甚进。”上起谢，同皇太子步至蟠松下，看御书诗，再入坐。太上宣索翡翠鹦鹉杯，官里与皇后亲捧杯进酒。太上曰：“此是宣和间外国进到，可以屑金，就以为赐。”上谢恩。时太上、官家并已七八分醉，遂再服上盖，率皇后、太子谢恩。宣平辇近里升辇，太上宣谕知省云：“官家已醉，可一路小心照管。”知省等领圣旨还内。来早，上遣知省至宫，恭问二圣起居，并奏欲亲到宫谢恩。太上就令提举往问兴居，并免到宫行礼。

【注释】

① 天申圣节：即太上皇赵构的生日，这年赵构七十岁。

② 目子钱：南宋皇宫赏钱的名称。

八月二十一日，寿圣皇太后生辰。先十日，车驾过宫，先至太上处起居，方至本殿进香。次皇后、皇太子、太子妃、庄文太子妃张娘娘已下，并进香起居。上至太上内书院进泛索①，遂奏安止还内。十二日，婉容到宫，至西便门廊下，先至太上处奏起居，次入本殿进香，值雨，免下阶起居，大内进香。十三日，知省及大官到宫进香，阁长就管押进奉银绢度牒等、并七宝银金器皿比天申节减半、并珠子十号，并于后殿铺放。十六日，本殿提举率本宫官属进香，并设放寿星及神仙意思书画等物,隔帘奏喏,免起居,退。次日,皇太后宅亲属到宫进香,并本宫人吏后苑官属作苑使臣等,并节次进香。二十一日卯时,皇后先到宫,候驾到。至太上前殿起居,次至本宫殿。官家第一班,皇后第二班,太子并太子妃第三班,共上寿讫。太后宅亲属上寿,并同天申节仪。太上邀官里至清心堂,进泛索,值雨,不呈百戏,依例支赐。午初二刻,奏办就本殿大堂面北坐,官家花帽儿上盖,皇后三钗头冠,并赐簪花。至五盏,并免大衣服,官里便背儿赴坐。第七盏,小刘婉容进自制《十色菊·千秋岁》曲破,内人琼琼、柔柔对舞。上于阁子库取赐五两数珠子一号、细色北段各十四。太后又赐七宝花十枝、珠翠芙蓉缘领一副。又移坐灵芝殿有木犀处,进酒,次到至乐堂再坐,至更后还内。

【注释】

① 泛索:皇宫内正膳以外的点心食品。

十月二十二日,今上皇帝会庆圣节。至日,车驾过宫,太上升殿,起居讫。簪花拜舞,进寿酒讫。太上回赐寿酒。次至太后殿行礼详见第一卷。从太上至后苑梅坡,看早梅。又至浣溪亭,看小春海棠。午初,至载忻堂排当,官家换素帽儿,太后赐官里女乐二十人,上再拜谢恩,并教坊都管王喜等,进新制《会庆万年·薄媚》曲破,对舞。并赐银绢。太上以白玉桃杯赐上御酒云:"学取老爹年纪,早早还京。"上饮酒,再拜谢恩。三盏后,官家换背儿,免拜;皇后换团冠背儿;太子免系裹,再坐。本宫御侍六人,并升郡夫人,就赐诰,谢恩,并照例支散目子钱。太上又赐官里玉酒器十件、累珠嵌宝器皿一千两、克丝作金龙装花软套阁子一副。侍宴官吴郡王已下,各赐金盘盏、匹段并蔷薇露酒、香茶等。是日官里大醉,申后,宣逍遥子入便门,升辇还内。

淳熙五年二月初一日,上过德寿宫起居,太上留坐冷泉堂,进泛索讫。至石桥亭子上看古梅，太上曰："苔梅有二种，一种宜兴张公洞者，苔藓甚厚，花极香；一种出越上，苔如绿丝，长尺余。今岁二种同时著花，不可不少留一观。"上谢曰："恭领圣旨。"上皇因言多日不见史浩，命内侍宣召。既至，起居讫，赐坐。并召居广、郑藻。初筵，教坊奏乐呈伎，酒三行，太上宣索市食，如李婆婆杂菜羹、贺四酪面、脏三猪胰胡饼、戈家甜食等数种。太上笑谓史浩曰："此皆京师旧人，各厚赐之。"史起谢。又移宴静乐堂，尽遣乐工，全用内人动乐。且用盘架品味百余种，酒行无算。又宣索黄玉紫心葵花大盏，太上亲自宣劝，史捧觞为两宫寿。时君臣皆已沾醉，小内侍密语史相公云："少酌。"上闻之，曰："满酌不妨，当为老先生一醉。"太上极喜，赐史少保玉带一条、冰片脑子一金合、紫泥罗二十匹、御书四轴。史相谢恩而退。

淳熙六年三月十五日，车驾过宫，恭请太上、太后幸聚景园。次日，皇后先到宫起居，入幕次，换头面，候车驾至，供泛索讫，从太上、太后至聚景园。太上、太后至会芳殿降辇，上及皇后至翠光降辇，并入幄次小歇。上邀两殿至瑶津少坐，进泛索。太上、太后并乘步辇，官里乘马，遍游园中。再至瑶津西轩，入御筵，至第三盏，都管使臣刘景长，供进新制《泛兰舟》曲破，吴兴祐舞。各赐银绢。上亲捧玉酒船上寿酒，酒满玉船，船中人物多能举动如活。太上喜见颜色，散两宫内官酒食，并承应人目子钱。遂至锦壁赏大花，三面漫坡，牡丹约千余丛，各有牙牌金字，上张大样碧油绢幕，又别剪好色样一千朵，安顿花架，并是水晶、玻璃、天青汝窑、金瓶，就中间沈香卓儿一只，安顿白玉碾花商尊，约高二尺、径二尺三寸，独插照殿红十五枝。进酒三杯，应随驾官人内官，并赐两面翠叶滴金牡丹一枝、翠叶牡丹、沈香柄金彩御书扇各一把。是日，知阁张抡进《壶中天慢》云：

> 洞天深处赏娇红，轻玉高张云幕。国艳天香相竞秀，琼苑风光如昨。露洗妖妍，风传馥郁，云雨巫山约。春浓

如酒,五云台榭楼阁。　　　圣代道洽功成,一尘不动,四
境无鸣柝。屡有丰年天助顺,基业增隆山岳。两世明君,
千秋万岁,永享升平乐。东皇呈瑞,更无一片花落。

太上喜,赐金杯盘法锦等物此词或谓是康伯可所赋,张抡以为已作。又进酒
两盏,至清辉少歇,至翠光登御舟,入里湖,出断桥,又至珍珠园。
太上命尽买湖中龟鱼放生,并宣唤在湖卖买等人。内侍用小彩旗
招引,各有支赐,时有卖鱼羹人宋五嫂,对御自称东京人氏,随驾到
此。太上特宣上船起居,念其年老,赐金钱十文、银钱一百文、绢十
匹,仍令后苑供应泛索。时从驾官丞相赵雄、枢密使王淮、参政钱
良臣,并在显应观西斋堂侍班,各赐酒食、翠花、扇子。至申时,御
舟梢泊^①花光亭,至会芳少歇,时太上已醉,官里亲扶上船,并乘轿
儿还内。都人倾城尽出观瞻,赞叹圣孝。

【注释】

① 梢泊:即停泊。

九月十五日,明堂大礼。十三日,值雨,未时,奏请宿斋,北内
送天花蘑菇、蜜煎山药、枣儿、乳糖、巧炊、火烧、角儿等。十四日早,
车驾诣景灵宫,回太庙宿斋,雨终日不止。午后,太上遣提举至太
庙,传语官家:“连日祀事不易,所有十六日诣宫饮福,以阴雨泥泞
劳顿,可免到宫行礼。天气阴寒,请官家善进御膳,频添御服。”圣
旨遣阁长回奏:“上感圣恩,至日若登楼肆赦时,依旧诣宫行礼。若
值雨不登门时,续当奏闻。”至晚雨不止,宣谕大礼使赵雄:“来早
更不乘辂,止用逍遥辇诣文德殿致斋,一应仪仗排立,并行放免。
从驾官并常服以从。”并遣御药奏闻北内:“来日为值雨,更不乘辂。
谨遵圣旨,更不过宫行饮福礼。”太上令传语官家:“既不乘辂,此
间也不出去看也。”大礼使赵雄虽已得旨,犹不许放散。上闻之曰:
“来早若不晴时,有何面目?”雄闻之曰:“纵使不晴,得罪不过罢相

耳。"坚执不肯放散。至黄昏后，雨止月明。上大喜，遣内侍李思恭宣谕大礼使，仍旧乘辂。再遣御药奏闻北内："以天晴，仍旧乘辂。候登门肆赦讫，诣宫行饮福礼。"十五日晴色甚佳，车驾自太庙乘辂还内，日映御袍，天颜甚喜。都民皆赞叹圣德。至巳时，太上直阁子官往斋殿，传语官家："且喜晴明，可见诚心感格。"赐御用匹段、玉鞭辔、七宝篦刀子事件、素食果子等，仍谕："连日劳顿，免行饮福礼。"今上就遣知省回奏："上感圣恩，天气转晴，皆太上皇帝圣心感格，容肆赦讫，诣宫行礼，并谢圣恩。"十六日，登门肆赦毕，车驾诣宫小次降辇，提举传太上皇圣旨，特减八拜，仍免至寿圣处饮福。行礼毕，略至绛华堂，进泛索。知阁张抡进《临江仙》词云：

闻道彤庭森宝仗，霜风逐雨驱云。六龙扶辇下青冥。

香随鸾扇远，日映赭袍明。　　帘卷天街人顶戴，满城喜

气氤氲。等闲散作八荒春。欲知天意好，昨夜月华新。

淳熙七年十二月二十八日，南内遣御药并后苑官管押进奉两宫守岁合食、则剧、金银钱、消夜、岁轴、果儿、锦历、钟馗、爆仗、羔儿法酒、春牛、花朵等，就奏知太上皇帝："元日欲先诣宫朝贺，然后还内，引见大金人使。"太上不许，传语官家："至日可先引见人使讫，却行到宫。"

淳熙八年正月元日，上坐紫宸殿，引见人使讫，即率皇后、皇太子、太子妃至德寿宫，行朝贺礼详见第一卷，并进呈画本人使面貌、姓名及馆伴问答。是岁太上圣寿七十有五，旧岁欲再行庆寿礼。太上不许，至是乃密进黄金酒器二千两，上侍太上，于椤木堂香阁内说话。宣押棋待诏并小说人孙奇等十四人，下棋两局，各赐银绢，供泛索讫。官家恭请太上、太后来日就南内排当。初二日，进早膳讫，遣皇太子到宫，恭请两殿，并只用轿儿，禁卫簇拥入内，官家亲至殿门恭迎，亲扶太上降辇，至损斋进茶；次至清燕殿闲看书画玩器；约午时初，后苑恭进酥酒、十色熬煮；午正二刻，就凌虚排当；三盏，至尊绿华堂看梅。上进银三万两、会子十万贯，太上云："宫

中无用钱处,不须得。"上再三奏请,止受三分之一。未初,雪大下,正是腊前。太上甚喜,官家云:"今年正欠些雪,可谓及时。"太上云:"雪却甚好,但恐长安有贫者。"上奏云:"已令有司比去年倍数支散矣。"太上亦命提举官:"于本宫支拨官会,照朝廷数目,发下临安府,支散贫民一次。"又移至明远楼,张灯进酒。节使吴琚进喜雪《水龙吟》词云:

> 紫皇高宴箫台,双成①戏击琼包碎。何人为把,银河水剪,甲兵都洗。玉样乾坤,八荒同色,了无尘翳。喜冰消太液,暖融鸬鹚,端门晓、班初退。　　圣主忧民深意。转鸿钧、满天和气。太平有象,三宫二圣,万年千岁。双玉杯深,五云楼迥,不妨频醉。细看来、不是飞花,片片是、丰年瑞。

上大喜,赐镀金酒器二百两、细色段匹、复古殿香、羔儿酒等。太后命本宫歌板色歌此曲进酒,太上尽醉。至更后,宣轿儿入便门,上亲扶太上上辇还宫。

【注释】

① 双成:即传说中西王母的侍女董双成。

淳熙九年八月十五日,驾过德寿宫起居,太上留坐至乐堂,进早膳毕,命小内侍进彩竿垂钓。上皇曰:"今日中秋,天气甚清,夜间必有好月色,可少留看月了去。"上恭领圣旨,索车儿同过射厅射弓,观御马院使臣打球,进市食,看水傀儡。晚宴香远堂,堂东有万岁桥,长六丈余,并用吴璘进到玉石,叠成四畔,雕镂栏槛,莹彻可爱。桥心作四面亭,用新罗白罗木盖造,极为雅洁,大池十余亩,皆是千叶白莲,凡御榻、御屏、酒器、香奁、器用,并用水晶。南岸列女童五十人,奏清乐;北岸芙蓉冈一带,并是教坊工,近二百人。待月初上,箫韶齐举,缥缈相应,如在霄汉。既入座,乐少止,太上召小刘贵妃，独吹白玉笙《霓裳》中序，上自起执玉杯，奉两殿酒，并以累金嵌宝注碗、杯盘等赐贵妃。侍宴官开府曾觌，恭上《壶中天慢》一首云：

　　　　素飙飐碧，看天衢稳送、一轮明月。翠水瀛壶人不到，比似世间秋别。玉手瑶笙，一时同色，小按霓裳叠。天津桥上，有人偷记新阕。　　当日谁幻银桥，阿瞒^①儿戏，一笑成痴绝。肯信群仙高宴处，移下水晶宫阙。云海尘清，山河影满，桂冷吹香雪。何劳玉斧^②，金瓯千古无缺。

上皇曰："从来月词，不曾用金瓯事，可谓新奇。"赐金束带、紫番罗、水晶注碗一副，上亦赐宝盏、古香。至一更五点还内。是夜隔江西兴^③，亦闻天乐之声。

【注释】

① 阿瞒：唐玄宗自称阿瞒。这里用的是有关唐玄宗经银桥入月宫听到仙乐《霓裳羽衣曲》的典故。

② 玉斧：唐代段成式《酉阳杂俎》云，月宫乃七宝合成，表面凹凸不平，常有八万二千户用玉斧修理。此处反用其典。

③ 西兴：即西兴镇，与杭州隔江而望。

　　淳熙十年八月十八日，上诣德寿宫，恭请两殿往浙江亭观潮。进早膳讫，御辇檐儿及内人车马，并出候潮门。先命修内司于浙江亭两旁，抓缚席屋五十间，至是并用彩缬幕帟^①。得旨，从驾百官，各赐酒食，并免侍班，从便观看。先是澉浦金山都统司水军五千人抵江下，至是又命殿司新刺防江水军、临安府水军，并行阅试。军船摆布西兴、龙山两岸近千只。管军官于江面分布五阵，乘骑、弄旗、标枪、舞刀，如履平地。点放五色烟炮满江，及烟收炮息，则诸船尽藏，不见一只。奉圣旨，自管军官已下，并行支犒一次。自龙山已下，贵邸豪民彩幕，凡二十余里，车马骈阗，几无行路。西兴一带,亦皆抓缚幕次,彩绣照江,有如铺锦。市井弄水人有如僧儿、留住等,凡百余人,皆手持十幅彩旗,踏浪争雄,直至海门迎潮。又有踏混木、水傀儡、水百戏、撮弄等,各呈伎艺,并有支赐。太上喜见颜色,曰:"钱塘形胜,东南所无。"上起奏曰:"钱塘江潮,亦天下所无有也。"太上宣谕侍宴官,令各赋《酹江月》一曲,至晚进呈。太上以吴琚为第一,其词云:

> 玉虹遥挂,望青山隐隐,一眉如抹。忽觉天风吹海立,好似春霆初发。白马凌空,琼鳌驾水,日夜朝天阙。飞龙舞凤,郁葱环拱吴越。　　此境天下应无,东南形胜,伟观真奇绝。好似吴儿飞彩帜,蹴起一江秋雪。黄屋天临,水犀云拥,看击中流楫。晚来波静,海门飞上明月。

两宫并有宣赐,至月上还内。

【注释】

① 帟(yì):小帐幕。

淳熙十一年六月初一日,车驾过宫,太上命提举传旨:"盛暑请官家免拜。"至内殿起居,太上令小内侍扶掖免拜,谢恩,太后处亦免拜。太上邀官里便背儿,至冷泉堂,进早膳讫。太上宣谕云:"今岁比常年热甚。"上起答云:"伏中正要如此。"太上云:"今日且留在此纳凉,到晚去。或三省有紧切文字,不妨就幄次进呈。"上领圣旨,遂同至飞来峰,看放水帘。时荷花盛开,太上指池心云:"此种五花同干,近伯圭①自湖州进来,前此未见也。"堂前假山、修竹、古松,不见日色,并无暑气。后苑小厮儿三十人,打息气,唱道情。太上云:"此是张抡所撰鼓子词②。"后苑进沆瀣浆、雪浸白酒。上起奏曰:"此物恐不宜多吃。"太上曰:"不妨,反觉爽快。"上曰:"毕竟伤脾。"太上首肯,因闲说:"宣和间,公公每遇三伏,多在碧玉壶及风泉馆、万荷庄等处纳凉,此处凉甚。每次侍宴,虽极暑中,亦著纳袄儿也。"命小内侍宣张婉容,至清心堂抚琴,并令棋童下棋,及令内侍投壶赌赛利物则剧。官家进水晶提壶连索儿,可盛白酒二斗,白玉双莲杯盘、碾玉香脱儿一套六个,大金盆一面,盛七宝水戏,并宣押赵喜等教舞水族,又进太皇后白玉香珀扇柄儿四把、龙涎香数珠佩带五十副、真珠、香囊等物。直至酉初还内。

【注释】

① 伯圭:即嗣秀王赵伯圭。

② 鼓子词:宋代说唱形式,因需以鼓伴奏,故称。其形制或有说有唱,或仅唱不说。

卷八

车驾幸学 ①

先期三日，仪鸾司及内侍省官，至国子监相视八厢，亦至学中搜检。次日，诸斋生员尽行搬出学外安泊，各斋门并用黄封，学官预拟御课题咸淳丁卯出《辟雍扬缉熙赋》②，用黄罗装背，大册面签云"太学某斋生臣姓某供"，以大黄罗袱护之，置于各斋之前，以备驾至点索。崇化堂后，即圣驾歇泊之所，皆设御屏、黄罗帏设、供御物等。凡敕入宫门号，止于国子监外门；敕入殿门号，止于国子监内门；敕入禁卫号，止于崇化堂天井，谓之"隔门"。除司业、祭酒③外，其余学官、前廊、长谕，并带黄号，于隔门外席地坐，赐酒食三品，以俟迎驾。驾至纯礼坊，随驾乐部，参军色念致语，杂剧色念口号、起引子，导驾至大成殿棂星门。礼部太常寺官、国子监三学官及三学前廊、长谕，率诸生迎驾起居。上乘辇入门，至大成殿门，降辇，有旨免鸣鞭，以昭至敬。阁门太常礼直官前导入御幄，太常卿跪奏称："太常卿臣某言，请皇帝行酌献之礼。"上出御幄，升殿，诣文宣王④位前，三上香，跪受爵，三祭酒，奠酌两拜，在位皆两拜。降阶，归幄，太常卿奏"礼毕"，陪位官并退。

【注释】

① 车驾幸学：皇帝巡幸学校。

② "咸淳丁卯"句：咸淳丁卯为咸淳三年，皇帝幸学所出课题为《辟雍扬缉熙赋》。辟雍，周朝为贵族子弟所设的大学。辟，即璧，雍，通"廱"，水泽的意思，其设计四周有水，形如璧环，象征教化流行如水环璧。缉熙，光明。

③ 司业、祭酒：即国子监司业、国子监祭酒，分别为国子监的副长官与长官。

④ 文宣王：即孔子，孔子曾被封为"大成至圣文宣王"。

　　上乘辇鸣鞭，入崇化堂。降辇，入幄更衣上所至皆设御幄。礼官、国子监官、三学官、三学生，并于堂下分东西立。次引执经官、讲书官于堂下东壁面西立。宰臣执政已下北向立。阁门奏"班齐"。上服帽、红上盖、玉束带、丝鞋，出崇化堂坐，宰臣已下，宣名奏圣躬万福。御药传旨宣升堂，各两拜赞，赐坐。分东西阶升堂，席后立。次引执经官、讲书官奏万福官该宣名者即宣名，两拜。次引国子监、三学官并三学生，奏万福，两拜。分引升两廊，席后立。内官进书案听宣，以经授执经官，进于案上，讲筵内承受对展经册入，内官进牙界方①，舍人赞赐坐，宰相已下及两廊学官生员应唱讫，各就坐听讲。讲书官进读经义，执经官执牙篦②执读，入内官收撤经书，再以讲义授讲官。讲书官指讲讫，入内官撤书。堂上、两廊官并起分行，宰臣已下降阶，讲书官当御前躬身致词，北向立，两拜。御药降阶宣答云："有制：谒款将圣，肃尊视学之仪；讲绎中庸③，爰命敷经之彦④。茂明彝训，允当朕心。"再两拜。

【注释】

① 牙界方：象牙的镇纸。

② 牙篦：即牙签，在讲经时以之指点而讲，以免出错。

③ 中庸：指所讲中正平和。

④ 彦：俊杰。

　　御药传旨宣坐，赐茶讫，舍人赞："躬身不拜，各就坐。"分引升堂，席后立，两拜，各就坐。翰林司供御茶讫，宰臣已下并两廊官赞吃茶讫，宰臣已下降阶，北向立。御药传旨不拜，引两廊官北向，各再拜讫,出。皇帝起,易服幞头、上盖、玉带、丝鞋,乘辇鸣鞭出学。百官诸生迎驾如前,随驾乐部参军色迎驾念致语,杂剧色念口号,曲子起《寿同天》引子,导驾还宫。在学前廊并该恩出官诸生,各有免解①恩例,余并推恩有差。

【注释】

① 免解:免于解试,可直接参加朝廷的考试。解试是州府举行的考试。

北使到阙

北使到阙,先遣伴使赐御筵于赤岸之班荆馆①,中使传宣抚问,赐龙茶一斤、银合三十两。次日,至北郭税亭茶酒,上马,入余杭门,至都亭驿,中使传宣赐龙茶、银合如前,又赐被褥、银沙锣等。明日,临安府书送酒食,阁门官说朝见仪②,投朝见榜子。又明日,入见于紫宸殿。见毕,赴客省茶酒,遂赐宴于垂拱殿。酒五行,从官已上与坐。是日,赐茶酒名果,又赐使、副衣各七事、幞头、牙笏、二十两金带一条,并金鱼袋靴一双、马一匹、鞍辔一副,共折银五十两,银沙锣五十两、色绫绢一百五十匹,余并赐衣带银帛有差。明日,赐牲饩③,折博生罗十匹、绫十匹、绢布各二匹。朝见之二日,与伴使偕往天竺寺烧香,赐沈香三十两,并斋筵、乳糖、酒果。次至冷泉亭、呼猿洞游赏。次日,又赐内中酒果、风药、花饧,赴守岁夜筵,用傀儡。元正,朝贺礼毕,遣大臣就驿,赐御筵,中使传宣劝酒五行。三日,客省签赐酒食,禁中赐酒果,遂赴浙江亭观潮,酒七行。四日,赴玉津园燕射,命善射者假官④伴之,赐弓矢、酒行。乐作,伴射与大使射弓,馆伴与副使射弩,酒五行。五日,大燕集英殿,尚书、郎官、监察御史已上并与,学士院撰致语。六日,装班朝辞退,赐袭衣、金带三十两、银沙锣五十两、红锦二色、绫二匹、小绫十色、绢三十匹、杂色绢一百匹，余各有差。临安府书送赠仪，复遣执政就驿赐燕，晚赴解换夜筵，伴使始与亲劝酬，且以衣物为侑，谓之"私觌"⑤。次日，赐龙凤茶、金银合，乘马出北关，登舟。又次日，遣近臣赐御筵，自到阙至朝辞，密赐大使银一千四百两，副使八百八十两，衣各三袭，金带各三条；都管、上节各银四十两、衣二袭，中、下节各银三十两、衣一袭、涂金带副之。

【注释】

① 班荆馆：宋代设于京郊的外国使馆。班荆，即铺荆于地而坐的意思。

② 说朝见仪：即向金国使者教说朝见皇帝的礼仪。

③ 饩(xì)：古代祭祀或馈赠用的牲畜。

④ 假官：装扮成官员。

⑤ 私觌(dí)：私下的会面。

宫中诞育仪例略

宫中凡阁分①有娠，将及七月，本位医官申内东门司及本位提举官奏闻，门司特奏，再令医官指定降诞月分讫，门司奏排办产阁，及照先朝旧例，三分减一，于内藏库取赐银绢等物如后：

罗二百匹、绢四千六百七十四匹 钉设产阁三朝②、一腊③、二腊、三腊、满月④、百晬⑤、头晬⑥、金二十四两八钱七分四厘 裹木匦、竿杈、针眼、铃镯、镀盆、银四千四百四十两、银钱三贯足、大银盆一面、醹醁⑦ 沈香酒五十三石二斗八升、装画扇子一座、装画油盆八面、簇花生色袋身单一副、催生海马⑧皮二张、檀香匣盛硾⑨铜剃刀二把金镀银锁钥全、彩画油栲栳⑩簸箕各一、彩画油砖八口、彩画油瓶二、新罗漆马衔铁⑪一副、装画胎衣瓶、铁秤锤五个、铁钩五十条、眠羊卧鹿二合各十五事、金银果子五百个、影金贴罗散花儿二千五百、锦沿席

一、绿席毡蒲合褥子各二、玛瑙缬绢一匹、大毡四领、干蓐草一束、杂用盆十五个、暖水釜五个、绿油柳木槌十个、生菜一合、生艾一斤、生母姜二斤、黑豆一斗_{栲栳全}、无灰酒二瓶、米醋二瓶、纽地黄汁布二条、滤药布二条_{金漆箱儿全}、香墨十铤_{钿漆影金匣}、鸡子五十个_{金漆箱儿}、小石子五十颗_{竹作笼}、竹柴五十把、红布袋二_{盛马桶末用}、带泥藕十挺、生芋子一合_{彩画}、银杏一合五十斤_{内装画一千个}、嘉庆子五十斤_{内装画七百个}、菱米五十斤_{内装画七百个}、荔枝五十斤、胡桃二千个_{装画}、圆眼五十斤_{装画}、莲肉五十斤、枣儿五十斤、柿心五十斤、栗子五十斤、粱子十合、吃食十合_{蒸羊一口}、生羊剪花八节、羊六色子、枣大包子、枣浮图儿、豌豆枣塔儿、炊饼、糕、糖饼、髓饼。

【注释】

① 阁分：宋代对嫔妃的称呼。

② 三朝：即三日，陈士元《俚言解》卷一"三朝满月"条云："生子三日谓之三朝，是日祭祖先、洗儿、灸脐，俗称'洗三'。"

③ 一腊：即出生七天。

④ 满月：宋俗小孩至满月时要开"洗儿会"。

⑤ 百晬：新生儿百日会。

⑥ 头晬：即周晬。

⑦ 醽醁（líng lù）：美酒。

⑧ 海马：一种海中动物。古人亦入药，《本草纲目》卷四十四载其有"治妇人难产"之效。

⑨ 硾（zhuì）：系以重物使之下沉。

⑩ 栲栳（kǎo lǎo）：用柳条编成的盛物器具。

⑪ 马衔铁：古人妇科之用具。

仍令太医局差产科大小方脉医官宿直，供画产图方位、饮食禁忌、合用药材、催生物件，合本位踏逐老娘、伴人、乳妇、抱女、洗泽人等,申学士院,撰述净胎发①、祝寿文,排办产阁了毕,犒赐修内司、会通门官本司人吏,库子医官、仪鸾司等人,银绢官会有差。候降诞日,本位官即便申内东门司转奏:降诞、三日、一腊、两腊四节次,拆产阁、三腊、满月、二次、百晬、头晬,已上十次,支赐银绢,仍添本位听宣内人请给十分。已上并系常例,此外特恩临时取旨,不在此限。外廷仪礼,不在此内。

【注释】

① 净胎发:满月时要把新生儿的胎发理去。

册皇后仪

先一日,宣押翰林学士锁院①草册后制词,赐学士润笔②金二百两。次日,百官听宣布,皇后三辞免,不允。差官奏告天地、宗庙、社稷、诸陵,太史局择日,先期命有司陈设。

【注释】

① 锁院:一种保密制度,即朝廷有重大事情要发布时,命草诏书,即时锁院,不许草书者出入,以免泄密。

② 润笔:典出《隋书》,隋文帝命内史令李德林立作诏书,高颎开玩笑说:“笔干。”郑译说:“不得一钱,何以润笔?”后泛指酬谢别人写作文字书画的财物。

至日早,文武百僚集于大庆殿门外,节次赞引执事官入,立班定。皇帝自内服幞头、红袍、玉带、靴入幄,更服通天冠、绛纱袍,礼部侍郎奏中严外办。礼仪使俛伏跪称:“礼仪使臣某言,请皇帝发册”余与德寿宫上册宝礼仪并同。侍中诣御坐前,躬承旨讫,降东阶立,称有制,皆再拜。太傅、太保躬身,侍中宣制曰:“册妃某氏,立为皇后。

155

命公等持节展礼。"太傅、太保再拜。参政帅掌节者脱节衣,诣太傅位;掌节者以节授参政;参政奉节西向,以节授太傅;太傅受讫,以节授掌节者。次中书令以册授太傅,太傅受讫,置于案。次侍中转宝授太保,并如前仪。复位,并再拜。持节者前导,册、宝进行,太傅押册,太保押宝《正安乐》作,由中道出文德殿东偏门乐止,掌节者加节衣,至穆清殿外幄次,初册宝出门,礼仪使至御座前跪奏:"礼仪使臣某言,礼毕。"内侍承旨索扇,扇合,帘降,鸣鞭,协律郎举麾,鼓柷①《乾安乐》作。皇帝降坐,入东房,戛敔②乐止。侍中版奏解严。

【注释】

① 鼓柷(zhù):即击柷。柷,一种木制的打击乐器,乐曲开始时先击柷。

② 戛敔(jiá yǔ):即击敔。敔,一种古乐器,形如伏虎,在雅乐结束时击奏。

是日,穆清殿设乐架、黄麾仗,皇后常服,乘金龙肩舆,至穆清殿后西阁,内命妇①等应陪列者奉从至阁内,侍中版奏中严外办。应行事执事官,各就门外位立定,持节者立于左,内命妇各就位。皇后首饰、袆衣,内侍引司言,司言引尚宫②,尚宫引皇后出阁,协律郎举麾《坤安乐》作,由西房至殿上,南向立定乐止。礼直官引太傅、太保就内给事前西向,跪称:"册使太傅某、副使太保某,奉制授皇后前备物、典册。"俯伏,兴退,复位。内给事诣皇后前跪奏如前,次太傅以册授内侍,内侍受册,举册官奠册,举册举案,俱诣内谒者监位,以册授内谒者监,受册奠讫。次太保转宝授内谒者监如前仪,掌节者脱节衣,以节授掌节。内侍前导册、宝进行入殿门,内谒者监、都大主管后从,以次入殿庭《宜安乐》作,至位乐止。尚宫引皇后自东阶至殿下中褥位北向《承安乐》作,至位乐止。举册宝官并案进于皇后之右少前,西向跪奠讫。内侍称有制,后再拜。读册官跪宣册文,后又再拜。次内谒者监奉册授皇后，皇后受讫，以授司言。次奉宝授皇后，皇后受讫_{乐止}，皇后再拜，退。内侍以谢皇太后笺授皇后，皇后置于案，再拜，内侍奉表以出。次进谢皇帝表如前。内侍奏礼毕。次尚宫引皇后升堂《和安乐》作，司宝奉宝，至于坐前_{乐止}。司宾引内命妇次就位，班首初行《惠安乐》作，至位_{乐止}。命妇皆再拜。司赞引班首升阶《惠安乐》作，_{乐止}，进当皇后北向致词称赞，降自西阶《惠安乐》作，至位_{乐止}。内外命妇皆再拜。司言称"令旨"，命妇皆再拜。宣令旨讫，又皆再拜。司宾以次引命妇还宫《惠安乐》作，出门_{乐止}。次内侍引外命妇出《咸安乐》作，至阶上_{乐止}。北向致词《咸安乐》作，降阶_{乐止}。外命妇皆再拜，又宣答如前。内侍奉礼毕，皇后降坐《徽安乐》作，皇后归阁《泰安乐》作，至阁_{乐止}。受贺毕，皇后更常服升坐，命外命妇如宫中仪，会毕再拜，以次出。

【注释】

① 内命妇：古代皇帝的妃、嫔、世妇、女御等为内命妇。

② 司言、尚宫：均为女司官之名，司言掌传宣等，尚宫掌物品等。

皇后归谒家庙
用咸淳全后例

太史局预择日，降旨，命礼寺参酌礼典所属排办。至日，皇后出宫，至祥曦殿。上升龙檐，出和宁门，至皇后家庙。本府干办使臣等并穿秉①，兵士并衫帽，于大门外香案前排立，俟仪卫至，各两拜。本府亲属于门内，妇人于厅下侧立，俟龙檐升厅至堂门降檐，入幄次少歇。次本府亲属并立幄前兴居，退，诣家庙，以俟陪立。次本阁，_{乐作}，西阶降车_{乐止}。皇后升堂西向立_{乐作}，两拜，陪位官各两拜，读祝文，两拜，陪坐各两拜，如上仪_{乐作、乐止如上}。皇后还位，再拜,陪位官各两拜。皇后降东侧阶升车乐止,又诣后堂炷香如前仪,次赴赐筵。皇后坐于堂中,南向,堂前施帘,亲属并常服,诣厅下,南向谢恩,俟皇后升堂,诣帘前两拜,妇人于帘内两拜,亲属并系鞋立定以俟,就坐,供进酒食,如家人礼。至第五盏,各于席前立俟,皇后降坐少歇。再坐,并如前仪。又至第九盏,酒毕,并靴、笏各两拜,赐筵、赐物,次于厅前排立,谢恩,各两拜。俟皇后出幄,乘龙檐,亲属北向两拜,退,皇后还内,诣御前谢恩。进纳御前,及送诸阁分夫人、御侍韶部、职事内人、及诸位次内人本殿内人,并细色匹帛、盘盏、细果、海鲜、时新吃食,及支给内侍省大官已下及本殿官吏银绢有差。次日,内降指挥,皇后封赠三代,亲属并行推恩。

【注释】

① 穿秉:穿着礼服、手持朝笏。

早泛索:
皇后:下饭七件、菜蔬五件、茶果十合、小碟儿五件。
亲属:各早食十味。

赐筵:
皇后:绣高钉 ① 十、时果十碟、脯腊十碟、细京果 ② 十碟、细蜜煎十碟、看菜十碟。
亲属:京果四十垒、脯腊三百碟、时果干果共五百碟。

【注释】

① 绣高钉:即"绣花高钉",见卷九。
② 京果:即京都所产的水果。《晦庵集》卷十九载"南果、京果、海味等物"。

初坐：

下酒吃食九盏、上细看食十件、果子意思十件。

歇坐：

皇后：下酒吃食十盏、果子十件、时果十件。

宣赐折食钱：

大官四员、阁长已下十三员、皇后阁内人、押班等二十五人、本殿随从官、仪鸾司官、御酒库官、御辇院官、御厨官、翰林司官、祇候库官、讲殿幕士、乐官。

赐筵乐次：

家庙酌献三盏，诸部合《长生乐》引子。

赐筵初坐：

《蕙兰芳》引子。

第一盏：觱篥起《玉漏迟慢》，笛起《侧犯》，笛起《真珠髻》，觱篥起《柳穿莺》，合《喜庆》曲破，对舞。

第二盏：觱篥起《圣寿永》歌曲子，琵琶起《倾杯乐》。

第三盏：琵琶起《忆吹箫》，觱篥起《献仙音》。

第四盏：琵琶独弹《寿千春》，笛起《芳草渡》，念致语、口号，勾杂剧色时和等，做《尧舜禹汤》，断送《万岁声》，合意思副末念雨露恩浓金穴贵，风光远胜马侯家。

第五盏：觱篥起《卖花声》，笛起《鱼水同欢》。

歇坐：

第一盏：觱篥合小唱《帘外花》。

第二盏：琵琶独弹《寿无疆》。

第三盏：筝、琶、方响合《双双燕神曲》。

第四盏：唱赚。

第五盏：鼓板、觱篥合小唱《舞杨花》。

再坐：

第六盏：笙起《寿南山》，方响起《安平乐》。

第七盏：筝弹《会群仙》，笙起《吴音子》，勾杂剧吴国宝等做《年年好》断送《四时欢》，合意思副末念香生花富贵，绿嫩草精神。

第八盏：笛起《花犯》，觱篥起《金盏倒垂莲》。

第九盏：诸部合《喜新春》慢曲犯。

宫乐官五十八人，各帽子、紫衫、腰带。

都管一人，幞头、公服、腰带、系鞋、执杖子。

乐官犒设：

内藏库支赐银、皇后殿外库支赐钱酒、本府支犒钱酒。

皇后散付本府亲属、宅眷、干办使臣已下：

金合、金瓶、金盘盏、金环、金镯、金钗、金钱共金五百两、银盘盏共二千两、细色段匹、翠领、翠花、翠冠、翠扇、翠篦环、银钱、画扇、龙涎香、刺绣领、画领、生色罗。

皇子行冠礼仪略

太史择日，降旨，令太常寺参酌旧礼，有司具办仪物。

至日质明，百僚立班，皇帝即御座，礼直官、通事舍人、太常博士引掌冠、赞冠者入就位掌冠以太常卿，赞冠以阁门官。初入门《祇安乐》作，至位乐止。典仪赞"再拜"，在位皆再拜，跪。左辅诣御坐前承制，降自东阶，诣掌冠者前，称"有制"，典仪赞"再拜"，在位皆再拜讫。左辅宣制曰："皇子冠，命卿等行礼。"掌冠、赞冠者再拜，左辅复位。

王府官入诣皇子东房，礼直官、通事舍人、太常博士引皇子内侍二人夹侍，王府官后从_{自后并准此}。皇子初行《恭安乐》作，即席，南向坐_{乐止}。礼直官等引掌冠、赞冠诣罍洗^①_{乐作}，搢笏^②、盥手^③、帨手^④讫，执笏升_{乐止}。

执折上巾^⑤者升，掌冠者降一等受之，右执项左执前^⑥进皇子席前，北向跪冠_{《修安乐》作}，掌冠者兴，席南北面立，赞者进席前，北面跪正冠，兴，立于掌冠者后。皇子兴，内侍跪进服，服讫_{乐止}，掌冠者揖皇子复坐。赞冠者跪取爵，内侍以酒注于爵，掌冠受爵，跪进皇子席前，北向立，祝曰："酒醴和旨^⑦，笾豆静嘉^⑧。授尔元服^⑨，兄弟具来。永言保之，降福孔皆^⑩。"皇子搢笏跪受爵_{《翼安乐》作}，饮讫，奠爵。执笏太官令奉馔，设于皇子席前，皇子搢笏食讫_{乐止}。执笏太官令撤馔，礼直官等复引掌冠、赞冠降诣罍洗_{乐作}，搢笏、盥手，执笏升_{乐止}。赞冠者进席前，北向跪，脱折上巾，置于匴^⑪，兴；内侍跪受服，兴，置于席。

【注释】

① 罍（léi）洗：古代所用的盛器。

② 搢（jìn）笏：搢，插。笏，古代官吏上朝时所持记事的木板。

③ 盥（guàn）手：洗手。

④ 帨（shuì）手：用手帕擦手。

⑤ 折上巾：男子冠帽名，因折一角，故名折上巾，后即称为"幞头"。

⑥ 右执项左执前：指掌冠右手拿着折上巾的后部，左手拿前部。

⑦ 酒醴和旨：酒柔和而又甘甜。醴，甜酒。

⑧ 笾（biān）豆静嘉：食器洁净的意思。笾是一种竹器，一般用来盛放果脯。豆是一种盘状器皿，用来盛酒肉。

⑨ 元服：元即头，故元服即为冠。

⑩ 孔皆：普遍、很多的意思。

⑪ 匴（suǎn）：古代行冠礼时盛冠弁的竹器。

执七梁冠^①者升，掌冠者降二等受之。右执项左执前进皇子席前，北向跪冠《进安乐》作，掌冠者兴，席南北面立，赞者进席前，北面跪，簪结纮，兴，立于掌冠者之后。皇子兴，内侍跪进服，服讫乐止，赞冠者揖皇子复坐。赞冠者跪取爵，内侍以酒注爵，掌冠者跪受，进爵皇子席前，北向立，祝曰："宾赞既戒，肴核惟旅。申加厥服，礼仪有序。允观尔诚，受天之祜^②。"皇子播笏跪受爵《辅安乐》作，饮讫，奠爵，执笏太官令进馔、撤馔并如前。赞冠者进席前，北向跪，脱七梁冠，置于匮，兴；内侍跪受服，兴，置于席。

【注释】

①七梁冠：王公所戴之冠，帽上有七条纵脊。

②"宾赞"六句：意思是，赞礼者告诫过你了，你也享用了丰盛的食物，再给你加一顶七梁冠，这是礼仪的顺序，进而观察你是否诚实，并祝你得到上天的赐福。

执九旒冕^①者升，掌冠者降三等受之，右执项左执前进皇子席前，北向跪冠《广安乐》作，掌冠者兴，赞冠者进席前，北面跪，簪结纮，兴，立，皇子兴，内侍进服，服讫乐止，皇子复坐。赞冠者再进酒如前，祝曰："旨酒既清，嘉荐令芳。三加尔服，眉寿无疆。永承天麻，俾炽而昌^②。"皇子跪受爵《咸安乐》作，太官令奉馔如前。

【注释】

①九旒（liú）冕：王公所戴之冠。旒为垂饰，冕即指礼帽。

②"旨酒"六句：意思是，你已饮过清酒，也用过了佳肴。三次给你加服，是祝你长寿。永远受上天的保佑，使你兴旺昌盛。麻，荫庇、保护。

皇子降自东阶，诣朵殿^①东房，易朝服，降立于横街南王府官阶下，西向。皇子初行乐作，至位乐止。礼直官等引掌冠者诣皇子位，少进,字之^②曰:"岁日云吉,威仪孔时,昭告厥字,君子攸宜,顺尔成德,永言保之。奉敕字某^③。"皇子再拜,舞蹈,再拜,奏"圣躬万福",又再拜。左辅诣御座前承旨,降阶,诣皇子前宣曰:"有敕。"皇子再拜,左辅宣敕戒曰:"好礼乐善,服儒讲艺。蕃我皇室,友于兄弟。不溢不骄,惟以守之。"皇子再拜,余如皇太子仪。

次日,文武百僚诣东上阁门,拜表称贺。

【注释】

① 朵殿:即大殿的旁屋。

② 字之:起个表字。古人小的时候有名,在冠礼时开始有了字。

③ "岁日"七句:意思是,今天是个吉日,进行威严的冠礼正合适。明确地告诉你自己的表字,君子都应该如此。祝你成为一个道德高尚的人,并永远保持。奉皇帝的诏书给你取表字为某。

卷九

高宗幸张府节次略

绍兴二十一年十月,高宗幸清河郡王第,供进御筵节次如后:

安民靖难功臣、太傅、静江宁武靖海军节度使、醴泉观使、清河郡王、臣张俊进奉:

绣花高饤一行八果垒:香圆、真柑、石榴、橙子、鹅梨、乳梨、榠楂①、花木瓜。乐仙干果子叉袋儿②一行:荔枝、圆眼、香莲、榧子③、榛子、松子、银杏、梨肉、枣圈④、莲子肉、林檎旋⑤、大燕枣。

镂金香药一行:脑子花儿⑥、甘草花儿、朱砂圆子⑦、木香、丁香、水龙脑、史君子⑧、缩砂⑨花儿、官桂花儿、白术人参、橄榄花儿。

雕花蜜煎⑩一行:雕花梅球儿、红消花、雕花笋、蜜冬瓜鱼儿⑪、雕花红团花、木瓜大段花、雕花金橘、青梅荷叶儿、雕花姜、蜜笋花儿、雕花橙子、木瓜方花儿。

砌香咸酸一行:香药木瓜、椒梅、香药藤花、砌香樱桃、紫苏奈香、砌香葡萄、砌香萱花柳儿、甘草花儿、姜丝梅、梅肉饼儿、水红姜、杂丝梅饼儿。

脯腊一行:肉线条子、皂角铤子、云梦犯儿、虾腊、肉腊、妳房⑫、旋鲊、金山咸豉、酒腊肉、肉瓜齑。

垂手八盘子:拣蜂儿、番葡萄、香莲事件念珠、巴榄子、大金橘、新椰子象牙板、小橄榄、榆柑子。

【注释】

① 榠楂:果名,木叶花实均如木瓜,然较木瓜大而色黄。

② 叉袋儿:一种麻布袋。

③ 榧子:指榧子树的种子,一种坚果。

④ 枣圈:由枣去核焙干制成。

⑤ 林檎旋:即将林檎核旋去的果肉。

⑥ 脑子花儿:即龙脑香做的花儿。

⑦ 朱砂圆子:即以朱砂加药团成的药丸。朱砂,一种矿物,为炼汞的主要原料,古代方士用以炼丹。

⑧ 史君子:花名。

⑨ 缩砂:一种植物,产于岭南,其果实之壳即称缩砂,可入药。

⑩ 雕花蜜煎:即将瓜果之蜜饯雕刻出花样来。

⑪ 蜜冬瓜鱼儿:即将冬瓜蜜饯雕为鱼形。其他亦类此。

⑫ 妳(nǎi)房:此指食用动物的乳房。

再坐:

切时果一行:春藕、鹅梨饼子、甘蔗、乳梨月儿、红柿子、切橙子、切绿橘、生藕铤子。

时新果子一行:金橘、蔵①杨梅、新罗葛、切蜜薹、切脆橙、榆柑子、新椰子、切宜母子②、藕铤儿、甘蔗柰香、新柑子、梨五花子。

雕花蜜煎一行同前。

砌香咸酸一行同前。

珑缠果子③一行:荔枝甘露饼、荔枝蓼花、荔枝好郎君、珑缠桃条、酥胡桃、缠枣圈、缠梨肉、香莲事件、香药葡萄、缠松子、糖霜玉蜂儿④、白缠桃条。

脯腊一行同前。

下酒十五盏:

第一盏:花炊鹌子、荔枝白腰子⑤。

第二盏:妳房签⑥、三脆羹⑦。

第三盏:羊舌签、萌芽肚胘⑧。

第四盏:肫掌⑨签、鹌子羹。

第五盏：肚胘脍、鸳鸯煤肚。

第六盏：沙鱼脍、炒沙鱼衬汤。

第七盏：鳝鱼炒鲎、鹅肫掌汤齑。

第八盏：螃蟹酿橙 ⑩、妳房玉蕊羹。

第九盏：鲜虾蹄子脍、南炒鳝。

第十盏：洗手蟹、鰌鱼假蛤蜊。

第十一盏：五珍脍、螃蟹清羹。

第十二盏：鹌子水晶脍、猪肚假江瑶。

第十三盏：虾橙脍、虾鱼汤齑。

第十四盏：水母脍、二色茧儿羹。

第十五盏：蛤蜊生、血粉羹。

【注释】

① 葴（zhēn）：草名，即马蓝，又称酸浆草。

② 宜母子：一种水果，出于广州，状如柑，味酸。

③ 珑缠果子：即沾了粉糖的果子。缠，实当为瓹（chàn），即把食物置于粉状物中沾润，此当把果子置于糖中。

④ 糖霜玉蜂儿：把松子、胡桃研细入食磨成蜜蜂之状，并裹以糖霜。

⑤ 荔枝白腰子：用羊腰子为主料，于其上刻出荔枝纹，亦有配以鲜荔枝者。

⑥ 签：宋代的一类菜肴。这种菜多将馅切为细长之丝，再用筒卷裹，形如签筒，故名。其皮料与馅料花样很多。

⑦ 三脆羹：指以嫩笋、小簟、枸杞头三种原料做的羹汤。

⑧ 肚胘：指牛羊猪胃之最厚处，即肚头。

⑨ 肫（zhūn）掌：指禽类的胃。

⑩ 螃蟹酿橙：也叫橙酿蟹，将大橙子去瓤，把蟹黄、蟹油、蟹肉放进橙里，再放入小甑内，用酒、醋、水蒸熟后，用醋和盐拌着吃。

插食：炒白腰子、炙肚胘、炙鹌子脯、润鸡、润兔、炙炊饼、炙炊饼脔骨。

劝酒果子库十番：砌香果子、雕花蜜煎、时新果子、独装巴榄子、咸酸蜜煎、装大金橘小橄榄、独装新椰子、四时果四色、对装拣松番葡萄、对装春藕陈公梨。

厨劝酒十味：江蟹煠肚、江蟹生、蝤蛑^①签、姜醋生螺、香螺煠肚、姜醋假公权、煨牡蛎、牡蛎煠肚、假公权煠肚、蟑蚷煠肚。

准备上细疊四卓。

又次细疊二卓内蜜煎、咸酸、时新、脯腊等件。

对食十盏二十分：莲花鸭签、茧儿羹、三珍脍、南炒鳝、水母脍、鹌子羹、鲟鱼脍、三脆羹、洗手蟹、煠肚胘。

对展每分时果子盘儿：知省、御带、御药、直殿官、门司。

晚食五十分各件：二色茧儿、肚子羹、笑靥儿^②、小头羹饭、脯腊鸡、脯鸭。

直殿官大碟下酒：鸭签、水母脍、鲜虾蹄子羹、糟蟹、野鸭、红生水晶脍、鲟鱼脍、七宝脍、洗手蟹、五珍脍、蛤蜊羹。

直殿官合子食：脯鸡、油饱儿、野鸭、二色姜豉、杂爊^③、八糙鸡、炼鱼、麻脯鸡脏、炙焦、片羊头、菜羹一葫芦。

直殿官果子：时果十隔碟。

准备：薛方瓠羹。

【注释】

① 蝤蛑(jiū móu)：蟹类，即梭子蟹，螯长而大，生海边泥沙中。

② 笑靥儿：一种用面做成的食品。

③ 爊(āo)：即"熬"，用微火熬。

备办外官食次：

第一等并簇送：

太师尚书左仆射同中书门下平章事秦桧：烧羊一口、滴粥、烧饼、食十味、大碗百味羹、糕儿盘劝、簇五十馒头血羹、烧羊头双下^①、杂簇从食五十事、肚羹、羊舌托胎羹、双下大膘子、三脆羹、铺羊粉饭、大簇钉、鲊糕鹁子、蜜煎三十碟、时果一合切榨十碟、酒三十瓶。

少保观文殿大学士秦熺：烧羊一口、滴粥、烧饼、食十味、蜜煎一合、时果一合切榨、酒十瓶。

第二等：

参知政事余若水、签书枢密巫伋、少师恭国公殿帅杨存中、太尉两府吴益、普安郡王、恩平郡王：各食十味、蜜煎一合、切榨一合、烧羊一盘、酒六瓶。

第三等：

侍从七员：

左朝散郎礼部侍郎兼权吏部尚书陈诚之、左中大夫刑部侍郎兼权吏部侍郎韩仲通、右承议郎权吏部侍郎李如岗、右奉议郎起居舍人汤思退、右朝散大夫太府卿兼户部侍郎徐宗说、右宣教郎枢密院检详诸房文字兼兵部侍郎陈相、右宣教郎中书门下省检正诸房公事兼给事中陈夔。

管军二员：

马军太尉成闵、步军太尉赵密。

知阁六员：

保信军节度使领阁门使兼客省四方馆事提点皇城司郑藻、昭化军承宣使领阁门使兼客省四方馆事提点皇城司钱、成州团练使领阁门事兼客省四方馆事提点皇城司赵恺、贵州团练使领阁门事兼客省四方馆事提点皇城司宋、武节大夫吉州刺史领阁门事兼客省四方馆事提点皇城司孟、武节大夫惠州刺史领阁门事兼客省四方馆事提点皇城司苏。

御带四员：

降授郢州防御使带御器械潘瑞卿、忠州防御使带御器械石清、武功大夫遥郡防御使带御器械冀彦明、武功大夫兼阁门宣赞舍人带御器械李彦实。

宗室^②三员：

安庆军承宣使同知大宗正事士街、建州观察使士剧、琼州观察使居广。

外官六员：

建宁军节度使提举万寿观韦谦、崇庆军节度使提举万寿观韦、庆远军节度使提举万寿观吴盖、崇信军承宣使提举佑神观刘光烈、永宁军承宣使提举佑神观朱孝庄、武庆军承宣使提举佑神观王安道。

各食七味、蜜煎一合、时果一合、酒五瓶。

第四等：

环卫官九员：

右监门卫大将军贵州刺史居闲、右监门卫大将军福州防御使士辐、右监门卫大将军荣州团练使士邶、右监门卫大将军贵州团练使士歆、右监门卫大将军宣州刺史士铢、右监门卫大将军宣州刺史士赫、右监门卫大将军吉州刺史士陪、右监门卫大将军吉州刺史士暗、右监门卫大将军吉州刺史士闸。

宣赞舍人十八人：

王汉臣、陈清、郭蔓之、王正月、许彦洪、郑应之、裴良弼、陈迪、李大有、王邦昌、张彦圭、梁份、郑立之、李邦杰、蔡舜臣、谷㻏、王德霖、张安世。

阁门祗候二十人：

李丙、李唐谊、郑明、范涉、周谭、张令绰、张拱、杨价、贾公正、陈仲通、刘尧咨、张耘、何忱、李俦、王谦、董原、刘伉、刘康祖、何超祖、朱邦达。

看班祗候八人：

梁振之、王谊、董珩、司马纯、潘思夔、张赫、冯倚、刘尧卿。

提点兼祗应行首五人：

李观、边思聪、逯镐、郑孝礼、常士廉。

三省枢密房副承旨逐房副承旨六人：

刘兴仁、刘兴贤、韩师文、武铸、边俊民、严经安。

随驾诸局干办监官等十八人：

成州团练使干办皇城司冯持、右武郎干办皇城司刘允升、保义郎干办御厨潘邦、保义郎干办御厨冯藻、保义郎干办翰林司王喜修、武郎干办仪鸾司郭公既、保义郎干办祗候司黎安国、武翼郎阁门宣赞舍人兼翰林干办御辇院邵璇、忠翊郎干办左右骐骥院班彦通、武忠郎干办左右骐骥院张淳、承信郎阁门祗候兼干办左右骐骥院裴良从、武功大夫干办行在左藏库石瑜、右朝散大夫干办行在左藏库刘份、武功大夫干办行在左藏库吴铸、忠翊郎阁门祗候兼干办行在左藏库赵节、承节郎阁门祗候兼干办行在左藏库刘憼、忠翊郎主管军头司兼祗应杜渊、保义郎主管军头司兼祗应徐宗彦。

各食五味、时果一盒、酒二瓶。

第五等：

阁门承受十人、知班十五人、御史台十六人：各食三味、酒一瓶。

听叫唤中官等五十分：各食五味、斩羊一斤、馒头五十个、角子一个、铺姜粉散、下饭咸豉、各酒一瓶。

【注释】

① 双下：置双份。

② 宗室：即皇室，故下举三人皆省去"赵"姓。下文之环卫官亦皆为宗室。

进奉盘合：

宝器：御药带一条、玉池面带一条、玉狮蛮乐仙带一条、玉鹘兔带三条、玉璧环二、玉素钟子一、玉花高足钟子一、玉枝梗瓜杯一、玉瓜杯一、玉东西杯一、玉香鼎二盖全、玉盆儿一、玉橡头碟儿一、玉古剑璏①等十七件、玉圆临安样碟儿一、玉靶独带刀子二、玉并三靶刀子四、玉犀牛合簪儿一、金器一千两、珠子十二号共六万九千五百九颗、珠子念珠一串一百九颗、马价珠金相束带一条、翠毛二百合、白玻璨圆盘子一、玻璨花瓶七、玻璨碗四、玛瑙碗大小共二十件。

古器：龙文鼎一、商彝②二、高足商彝一、商父彝一、周盘一、周敦③二、周举罍一、有盖兽耳周罍一。

汝窑④：酒瓶一对、洗一、香炉一、香合一、香球一、盏四只、盂子二、出香一对、大奁一、小奁一。

合仗：螺钿合一十具织金锦褥子全、犀毗合一十具织金锦褥子全。

【注释】

① 璏（wèi）：剑鼻上的玉饰。

② 彝：古代一种青铜的祭器。

③ 敦（duì）：盛黍稷之器，圆球形，似彝而有足。

④ 汝窑：宋代著名瓷窑之一，在今河南临汝，其所产青瓷极为精美。

书画：

有御宝①十轴：

曹霸《五花骢》、冯瑾《霁烟长景》、易元吉《写生花》、黄居宝《雀竹》、吴道子《天王》、张萱《唐后行从》、边鸾《萱草山鹞》、黄筌《萱草山鹞》、宗妇曹氏《蓼岸》、杜庭睦《明皇斫鲙》。

无宝有御书九轴：

赵昌《蹲躅鹌鹑》、梅行思《蹲躅母鸡》、杜霄《扑蝶》、巨然《岚锁翠峰》、徐熙《牡丹》、易元吉《写生枇杷》、董源《夏山早行》二轴、伪主李煜《林泉渡水人物》。

无宝无御书二轴：

荆浩《山水》、吴元俞《紫气星》。

匹帛：

捻金锦五十匹、素绿锦一百五十匹、木绵二百匹、生花番罗二百匹、暗花婆罗二百匹、撂蒲绫二百匹。

【注释】

① 御宝：即宋高宗御玺。

进奉犒设：

随驾官知省御带御药门司直殿官：

紫罗五百匹、杂色缬罗五百匹、马下目子钱一万贯文。

禁卫一行祗应人等：

钱二万贯文、炊饼二万个、熟猪肉三千斤、爊爆三十合、酒二千瓶。

本家亲属推恩：

弟拱卫大夫张保、男右奉议郎直敷文阁主管台州崇道观赐紫金鱼袋张子颜、男右宣教郎直敷文阁主管台州崇道观赐紫金鱼袋张子正、孙承事郎籍田令赐紫金鱼袋张宗元、侄龙神卫四厢都指挥使清海军承宣使添差两浙西路马步军副总管张子盖、侄右朝请大夫直徽猷阁主管佑神观赐紫金鱼袋张子仪、侄承奉郎张子安、侄忠翊郎张子文、侄孙保义郎张宗旦、侄孙保义郎张宗亮、侄孙登仕郎张宗说、侄孙成忠郎张宗益、侄孙登仕郎张宗颖。

妻秦国夫人魏氏、妾咸宁郡夫人章氏、妾和宁郡夫人杨氏、妾硕人潘氏、妾硕人沈氏、妾硕人曹氏、妾硕人周氏、弟妇太硕人王氏、弟妇恭人任氏、第二女孺人张氏、第三女孺人张氏、第四女孺人张氏、男子颜妇王氏、男子正妇王氏、孙宗元妇王氏、侄子盖妇硕人赵氏、侄子仪妇宜人郭氏。

绍兴二十一年十一月　日。

和州防御使干办府事兼提点兼排办一行事务张贵具。

卷十

官本杂剧段数

争曲六幺^①、扯拦六幺三哮^②、教声六幺、鞭帽六幺、衣笼六幺、厨子六幺、孤夺旦^③六幺、王子高^④六幺、崔护六幺、骰子六幺、照道六幺、莺莺^⑤六幺、大宴六幺、驴精六幺、女生外向^⑥六幺、慕道六幺、三偌^⑦慕道六幺、双拦哮六幺、赶厥^⑧夹六幺、羹汤六幺。

【注释】

① 六幺：即绿腰，为宋之大曲名，在《宋史·乐志》中所载教坊十八调中，中吕调、南吕调、仙吕调均有绿腰曲。

② 哮：为酸之一类，多指贫困书生。

③ 孤夺旦：旦为杂剧中的女性角色，而孤则有两种身份，或扮演官员，或扮演妓女的靠山。

④ 王子高：北宋时人，相传曾遇神仙，其事编有杂剧。

⑤ 莺莺：指唐元稹《莺莺传》中的女主人公崔莺莺，其故事最后形成著名的《西厢记》。

⑥ 女生外向：此为民间的习惯用语，指女孩最后都要嫁人而成为别人家的人。

⑦ 偌：市井闲人的角色。

⑧ 厥：为对妓乐人家男汉的称呼。

索拜瀛府、厚熟瀛府、哭骰子瀛府、醉院君瀛府、懊骨头瀛府、赌钱望瀛府。

四僧梁州^①、三索梁州、诗曲梁州、头钱梁州、食店梁州、法事馒头梁州、四哮梁州。

领伊州、铁指甲伊州、闹五百^②伊州、裴少俊^③伊州、食店伊州。

桶担新水、双哮新水、烧花新水。

简帖^④薄媚^⑤、请客薄媚、错取薄媚、传神薄媚、九妆薄媚、本事现薄媚、打调^⑥薄媚、拜褥薄媚、郑生遇龙女薄媚。

【注释】

① 梁州：也写作"凉州"，大曲名，正宫调、道调、仙吕宫、黄钟宫均有。以下类此之曲名，若非特殊者，则不另注。

② 五百：据宋萧德藻《吴五百》文，知宋时俗语以"五百"指痴呆之人。

③ 裴少俊：白居易《井底引银瓶》中有"墙头马上"句，后人以裴少俊事附之，播于戏曲。

④ 简帖：其故事当源于洪迈《夷坚志·王武功妻》，叙一和尚故意误投简帖而使王妻受不白之冤，并等王休妻之后据为己有。

⑤ 薄媚：大曲名，道调、南吕宫均有。

⑥ 打调：据刘昌诗《芦浦笔记》载，为街市调谑之意。

土地大明乐、打球大明乐、三爷老^①大明乐。

列女降黄龙^②、双旦降黄龙、柳批上官降黄龙。

赶厥胡渭州、单番将胡渭州、银器胡渭州、看灯胡渭州三厥。

入寺降黄龙、榆标降黄龙。

【注释】

① 爷老：为契丹语"曳刺"的音译，为"走卒"之意。

② 降黄龙：大曲名，《宋史·乐志》无，而张炎《词源》中有，且宋代僧人做法事时要有俗讲，其中即有此曲。

打地铺逍遥乐、病郑[1]逍遥乐、崔护逍遥乐、瀺㴞逍遥乐。

单打石州、和尚那石州、赶厥石州。

塑金刚大圣乐、单打大圣乐、柳毅[2]大圣乐。

霸王中和乐、马头中和乐、大打调中和乐。

喝贴万年欢、托合万年欢。

迓鼓[3]儿熙州、骆驼熙州、二郎熙州。

大打调道人欢、会子道人欢、双拍道人欢、越娘[4]道人欢。

【注释】

①郑：为道士的角色。

②柳毅：唐人李朝威有传奇小说《柳毅传》，讲述柳毅为龙女传书使之获救并最终与龙女得结良缘的故事。

③迓鼓：为宋百戏名目。

④越娘：宋刘斧《青琐高议》中有《越娘记》一篇，记载杨舜俞遇女鬼越娘，为其迁坟，越娘为报德而与之私，然后以此有损于杨，故止之，杨不见越娘，思念至深，至于伐墓。适遇道人，为杨以符拘越娘而棰挞之，杨不忍请免。

打勘长寿仙、偌卖旦长寿仙、分头子长寿仙。

棋盘法曲、孤和法曲、藏瓶儿法曲、车儿法曲。

病爷老剑器、霸王剑器。

黄杰进延寿乐、义养娘延寿乐。

扯篮儿贺皇恩、催妆贺皇恩三偌。

封陟[1]中和乐。

唐辅采莲、双哱采莲、病和[2]采莲。

诸宫调霸王、诸宫调卦册儿。

相如文君[3]、崔智韬艾虎儿[4]、王宗道休妻、李勉负心、四郑舞杨花、四偌皇州、槛偌保金枝磕瓦、浮沤傅永成双、浮沤暮云归、老孤嘉庆乐、两相宜万年欢、进笔庆云乐、裴航⑤相遇乐。

能知他泛清波、三钓鱼泛清波。

【注释】

① 封陟：唐代裴铏《传奇》中有《封陟》一篇，记载封陟遇女仙上元夫人再三向他求爱，被他坚拒，三年后，封陟病死，上元夫人怜悯他为其延寿一纪，他才追悔不及。

② 和：亦写作"禾"，为杂剧中扮演农家人的角色。

③ 相如文君：敷演汉代司马相如与卓文君浪漫爱情的杂剧。

④ 崔智韬艾虎儿：唐代薛用弱《集异记》中记载崔韬之事，略谓其遇一披虎皮的女子，娶为妻，后携妻与子当官，再过旧处，前所弃之虎皮犹在，妻披皮为虎，食子及韬而去。

⑤ 裴航：唐裴铏《传奇》中有《裴航》一篇，记载裴航遇女仙，获赠预言诗，后来他果然在蓝桥遇到仙子云英，并寻找到玉杵臼而与之结为夫妻，共同登仙。

五柳①菊花新、梦巫山彩云归、青阳观碑彩云归、四小将整乾坤、四季夹竹桃花、禾打千秋乐、牛五郎罢金征。

新水爨、三十拍爨、天下太平爨、百花爨、三十六拍爨、四子打三教②爨、孝经借衣爨、大孝经孙③爨、喜朝天爨、说月爨、风花雪月爨、醉青楼爨、宴瑶池爨、钱手帕爨小字太平歌、诗书礼乐爨、醉花阴爨、钱爨、鹡鸰④爨、借听爨、大彻底错爨、黄河赋爨、睡爨、门儿爨、上借门儿爨、抹紫粉爨、夜半乐爨、火发爨、借衫爨、烧饼爨、调燕爨、棹孤舟爨、木兰花爨、月当厅爨、醉还醒爨、闹夹棒爨、扑胡蝶爨、闹八妆爨、钟馗爨、铜博爨、恋双双爨、恼子爨、像生爨、金莲子爨。

思乡早行孤、睡孤、迓鼓孤、论禅孤、讳药孤、大暮故⑤孤、小暮故孤、老孤遣旦、孤惨、双孤惨骨突肉、三孤惨、四孤醉留客、四孤夜宴、四孤好、四孤披头、四孤擂。

【注释】

①五柳：晋代诗人陶渊明自号为五柳先生，此当演陶渊明事。

②打三教：宋代戏曲名目。打即扮演之义，三教指儒、释、道三教人物，这种演出多用戏谑口吻调侃三教。

③孙：指男子的角色。

④鹎（zé）鶒：鹎字当为笔误，字书无此字。或为鹎鶒（yú），一种水鸟，又名泽虞，常在泽中，见人辄鸣唤不去，如主守之官，故名，俗呼为护田鸟。

⑤暮故：即糊涂之意。

病孤三乡题、王魁①三乡题、强偌三乡题、文武问命、两同心卦铺儿、一井金卦铺儿、满皇州卦铺儿、变猫卦铺儿、白苎卦铺儿、探春卦铺儿、庆时丰卦铺儿、三哮卦铺儿、三哮揭榜、三哮上小楼、三哮文字儿、三哮好女儿、三哮一担脚、襤哮合房、襤哮店休旦、襤哮负酸②、秀才下酸擂、急慢酸、眼药酸、食药酸、风流药、黄元儿、论淡、医淡、医马、调笑驴儿、雌虎崔智韬、解熊、鹎打兔变二郎、二郎神变二郎神、毁庙、入庙霸王儿。

单调霸王儿、单调宿、单背影、单顶戴、单唐突、单折洗、单兜、单搭手。

双搭手、双厥送、双厥投拜、双打球、双顶戴、双园子、双索帽、双三教、双虞侯、双养娘、双快、双捉、双禁师、双罗罗啄木儿、赖房钱啄木儿、围城啄木儿、大双头莲、小双头莲、大双惨、小双惨、小双索、双排军、醉排军、双卖旦。

三入舍、三出舍、三笑月中行、三登乐院公狗儿、三教安公子、三社争赛、三顶戴、三偌一赁驴、三盲一偌、三教闹著棋、三借窑货儿、三献身、三教化、三京下书、三短鞥、打三教庵宇、普天乐打三教、满皇州打三教、领三教、三姐醉还醒、三姊黄莺儿、卖花黄莺儿。

大四小将、四小将、四国朝、四脱空、四教化、泥孤。

【注释】

① 王魁：王魁负桂英的故事是宋代流传很广的故事。宋刘斧《摭遗》中记载其事，略谓王魁上京应试，落第而归，遇桂英，两下心许，桂英为备办一切用度。第二年再考，状元及第，桂英来寻，王魁却不相认，桂英自刎而死，后其魂魄来索命，王魁亦死。

② 酸：宋以来称秀才为穷酸，此即扮演读书人的角色。

张约斋赏心乐事 并序

　　余扫轨林扃，不知衰老。节物迁变，花鸟泉石，领会无余。每适意时，相羊小园，殆觉风景与人为一。间引客携觞，或幅巾曳杖，啸歌往来，澹然忘归。因排比十有二月燕游次序，名之曰《四并集》，授小庵主人，以备遗忘，非有故，当力行之。然为具真率，毋至劳费及暴殄沉湎，则天之所以与我者，为无负无亵。昔贤有云："不为俗情所染，方能说法度人。"盖光明藏中，孰非游戏，若心常清净，离诸取著，于有差别境中，而能常入无差别定，则淫房酒肆，遍历道场，鼓乐音声，皆谈般若，倘情生智隔，境逐源移，如鸟黏黐①，动伤躯命，又乌知所谓说法度人者哉。圣朝中兴七十余载，故家风流，沦落几尽。有闻前辈典型②，识南湖③之清狂者，必长哦曰："人生不满百，常怀千岁忧。昼短苦夜长，何不秉烛游。"一旦相逢，不为生客。

　　嘉泰元年岁次辛酉十有二月，约斋居士④书。

【注释】

① 黏魑(chī)：鸟黏上了魑竿。魑是一种木胶，以细叶冬青树皮制成，可以做成专门来黏鸟的魑竿。

② 典型：亦写为"典刑"。《诗经·大雅·荡》云"虽无老成人，尚有典刑"，借指典范。

③ 南湖：即本篇作者张镃。

④ 约斋居士：即张镃（1153—1211），字功甫，一字时可，号约斋居士，祖籍甘肃天水，徙居杭州，循王张俊曾孙、词人张炎之曾祖。以祖荫官奉议郎，曾助史弥远诛韩侂胄，后复谋诛史，事泄被贬，死于贬所。他是世家之后，为人风流倜傥，多才多艺，书画诗词，皆有所诣。著述甚多，其文集《南湖集》二十五卷，今存辑本十卷。此篇与下篇皆周密选录张镃之文。

正月孟春：

岁节家宴、立春日迎春春盘、人日①煎饼会、玉照堂赏梅、天街观灯、诸馆赏灯、丛奎阁赏山茶、湖山寻梅、揽月桥看新柳、安闲堂扫雪。

【注释】

① 人日：古代正月初七为人日，据云：一日为鸡，二日为狗……七日为人。

二月仲春：

现乐堂赏瑞香、社日①社饭、玉照堂西赏缃梅、南湖挑菜②、玉照堂东赏红梅、餐霞轩看樱桃花、杏花庄赏杏花、群仙绘幅楼前打球、南湖泛舟、绮互亭赏千叶茶花、马塍看花。

【注释】

① 社日：古代祀社神之日，一般以立春后第五个戊日为春社，立秋后第五个戊日为秋社。当此社日之时，四邻祭神，然后享胙。

② 挑菜：参见卷二《挑菜》篇。

三月季春：

生朝家宴、曲水修禊①、花院观月季、花院观桃柳、寒食祭先扫松、清明踏青郊行、苍寒堂西赏绯碧桃、满霜亭北观棣棠、碧宇观笋、斗春堂赏牡丹芍药、芳草亭观草、宜雨亭赏千叶海棠、花苑蹴秋千、宜雨亭北观黄蔷薇、花院赏紫牡丹、艳香馆观林檎花、现乐堂观大花、花院尝煮酒、瀛峦胜处赏山茶、经寮斗新茶②、群仙绘幅楼下赏芍药。

【注释】

① 曲水修禊（xì）：古代风俗于三月上旬的巳日，在水滨宴乐，以祓除不祥，称为曲水，亦称"修禊"。

② 斗新茶：比赛茶的优劣。

四月孟夏：

初八①日亦庵早斋随诣南湖放生食糕糜、芳草亭赏斗草②、芙蓉池赏新荷、蕊珠洞赏荼蘼、满霜亭观橘花、玉照堂赏青梅、艳香馆赏长春花、安闲堂观紫笑、群仙绘幅楼前观玫瑰、诗禅堂观盘子山丹、餐霞轩赏樱桃、南湖观杂花、鸥渚亭观五色莺粟花。

【注释】

① 初八：四月八日为浴佛节，参见卷三《浴佛》篇。

② 斗草：古代民俗，五月五日有踏百草之戏，唐人称为斗百草，后演变为一种游戏。

五月仲夏：

清夏堂观鱼、听莺亭摘瓜、安闲堂解粽、重午节①泛蒲②家宴、烟波观碧芦、夏至日鹅炙^③、绮互亭观大笑花、南湖观萱草、鸥渚亭观五色蜀葵、水北书院采蘋、清夏堂赏杨梅、丛奎阁前赏榴花、艳香馆赏蜜林檎^④、摘星轩赏枇杷。

【注释】

① 重午节：即端午节。

② 泛蒲：即将菖蒲泛入酒中以供饮用。

③ 炙(zhì)：同"炙"，即烧煮、烧烤之意。

④ 蜜林檎：即蜜林檎。

六月季夏：

西湖泛舟、现乐堂尝花白酒、楼下避暑、苍寒堂后碧莲、碧宇竹林避暑、南湖湖心亭纳凉、芙蓉池赏荷花、约斋赏夏菊、霞川食桃、清夏堂赏新荔枝。

七月孟秋：

丛奎阁上乞巧家宴、餐霞轩观五色凤儿、立秋日秋叶宴、玉照堂赏玉簪、西湖荷花泛舟、南湖观稼、应铉斋东赏葡萄、霞川观云、珍林剥枣。

八月仲秋：

湖山寻桂、现乐堂赏秋菊、社日糕会、众妙峰赏木樨、中秋摘星楼赏月家宴、霞川观野菊、绮互亭赏千叶木樨、浙江亭观潮、群仙绘幅楼观月、桂隐攀桂、杏花庄观鸡冠黄葵。

九月季秋：

重九家宴、九日登高把萸、把菊亭采菊、苏堤上玩芙蓉、珍林尝时果、景金轩赏金橘、满霜亭尝巨螯香橙、杏花庄篘^①新酒、芙蓉池尝五色拒霜②。

【注释】

① 篘(chōu)：用篾编成的滤酒器，亦指滤酒。

② 拒霜：即木芙蓉花，亦名木莲，因其仲秋开花，经霜不凋，故名。

十月孟冬：

旦日开炉①家宴、立冬日家宴、现乐堂暖炉、满霜亭赏蚤霜、烟波观买市、赏小春花、杏花庄挑荠、诗禅堂试香、绘幅楼庆暖阁。

【注释】

① 开炉：参见卷三《开炉》篇。以下食馄饨、赏雪、守岁等，皆可参阅卷三相关篇目。

十一月仲冬：

摘星轩观枇杷花、冬至节家宴绘幅楼食馄饨、味空亭赏蜡梅、孤山探梅、苍寒堂赏南天竺、花院赏水仙、绘幅楼前赏雪、绘幅楼削雪煎茶。

十二月季冬：

绮互亭赏檀香蜡梅、天街阅市、南湖赏雪、家宴试灯、湖山探梅、花院观兰花、瀛峦胜处赏雪、二十四夜饷果食、玉照堂赏梅、除夜守岁家宴、起建新岁集福功德。

约斋桂隐百课

淳熙丁未①秋，余舍所居为梵刹。爰命桂隐堂馆桥池诸名，各赋小诗，总八十余首。逮庆元庚申，历十有四年之久，匠生于心，指随景变，移徙更葺，规枨始全。因删易增补，得诗凡数百纲。举而言之：东寺为报上严先[②]之地；西宅为安身携幼之所；南湖则管领风月；北园则娱燕宾亲；亦庵晨居植福，以资净业也；约斋昼处观书，以助老学也。至于畅怀林泉，登赏吟啸，则又有众妙峰山，包罗幽旷，介于前六者之间。区区安恬嗜静之志，造物亦不相负矣。或问余曰："造物不负子，子亦忍负造物哉？释名宦之拘囚，享天真之乐适，要当于筋骸未衰时。今子三仕中朝，颠华[③]齿坠，涉笔才十二旬，如之何则可。"余应之曰："仕虽多，不使胜闲日，余之愿也，余之幸也，敢不勉旃。"

　　壬戌岁中夏，张镃功父书。

【注释】

①　淳熙丁未：即淳熙十四年。下文之庆元庚申即庆元六年，壬戌当为嘉泰二年。

②　报上严先：即报君尊祖之意。严，尊敬。此处为寺，故云。

③　颠华：即头发变白。颠，头。

东寺_{敕额广寿慧云}：

大雄尊阁_{千佛铁像}、**静高堂**_{寝室}、**真如轩**_{种竹}。

西宅：

丛奎阁_{安奉被赐四朝宸翰①}、**德勋堂**_{祖庙。以高宗御书二字名}、**儒闻堂**_{前堂。}用告词[②]字取名、**现乐堂**_{中堂。用朱岩壑语}、**安闲堂**_{后堂}、**绮互亭**_{有四小轩}、**瀛峦胜处**_{东北小堂前后山水}、**柳塘花院**、**应铉斋**_{筮得鼎卦③}，故名、**振藻**_{取告词中字名}、**宴颐轩**、**尚友轩**、**赏真亭**_{山水}。

【注释】

① 四朝宸翰：高宗、孝宗、光宗、宁宗四朝帝王的书迹。宸，本指北极星之所在，后引申为帝王的代称。

② 告词：写在告身（委任官职的文凭）上的文词。即其告词中有"儒闻"二字，取以为名。

③ 鼎卦：易经卦名，巽下离上，为去故取新之象。

亦庵：

法宝千塔铁铸千塔，藏经千卷、如愿道场药师佛坛、传衣庵、写经寮书华严等大乘诸经。

约斋：

泰定轩。

南湖：

阆春堂牡丹芍药、烟波观、天镜亭水心、御风桥十间、鸥渚亭、把菊亭、泛月阙水门、星槎船名。

北园：

群仙绘幅楼前后十一间，下临丹桂五六十株，尽见江湖诸山、桂隐诸处总名今揭楼下、清夏堂面南临池、玉照堂梅花四百株、苍寒堂青松二百株、艳香馆杂春花二百株、碧宇修竹十亩、水北书院对山临溪、界华精舍梦中得名、抚鹤亭近松株、芳草亭临池、味空亭蜡梅、垂云石高二丈广十四尺、揽月桥、飞雪桥在默林中、蕊珠洞荼蘼二十五株、芙蓉池红莲十亩，四面种芙蓉、珍林杂果小园、涉趣门总门入松径、安乐泉竹间井、杏花庄村酒店、鹊泉井名。

众妙峰山：

诗禅堂、黄宁洞天、景白轩置香山画像并文集、文光轩临池、绿昼轩木槲临侧、书叶轩柿二十株、俯巢轩高桧旁、无所要轩、长不昧轩、摘星轩、餐霞轩樱桃三十余株、读易轩、咏老轩道德经、凝薰堂、楚佩亭兰、宜雨亭千叶海棠二十株夹流水、满霜亭橘五十余株、听莺亭柳边竹外、千岁庵仁皇飞白①字、恬虚庵、凭晖亭、弄芝亭、都微别馆诵度人经处，经乃徽宗御书、水湍桥、漪岚洞、施无畏洞观音铜像、澄霄台面东、登啸台、金竹岩、古雪岩、隐书岩石函仙书在岩穴中，可望不可取、新岩、迭翠亭茂林中容十许人坐、钓矶、菖蒲涧上有小石桥、中池养金鱼在山涧中、珠旒瀑、藏丹谷、煎茶磴。

右各有诗在集中，此不繁录。

【注释】

① 飞白：汉字书法中的一种特殊笔法，笔画露白，似枯笔所写，相传为后汉蔡邕所创。